KB117814

생각을
선물하는
남자

생각을
선물하는
남자

남다른 생각은
어디에서부터
나오는가?

김태원 지음

21세기북스

생각, 선물이 되다

우리는 소중한 사람이나 특별한 날을 위해 예쁜 선물을 준비합니다. 때로는 맛있는 식사를 대접하기도 하죠. 문득 사람들의 삶과 세상을 바꿔온 가장 큰 선물은 '생각'이라는 생각이 들었던 어느 날이었습니다.

우리들의 생각이 선물이 될 수는 없을까?

이런 엉뚱한 생각에서 시작된 책이 『생각을 선물하는 남자』입니다. 엉뚱한 시작이었기에 논리와 질서는 부족했지만 자유롭게 생각할 수 있었습니다. 차라리 잘됐다고 여기기로 했지요. 여러분에게도 좋은 책 혹은 가슴을 울리는 강의가 인생에 터닝포인트를 만들어준 경험이 있을 겁니다. 그런데 터닝포인트를 만들어준 것은 '글'이나 '말'이 아니라 그 속에 담긴 '생각'이지요.

'선물 같은 생각'을 찾아 떠나는 외롭지만 행복한 여행을 저는 시작했습니다. 삶에서 그리고 지식이나 경험에서 느끼는 작은 감정의 움직임, 작은 생각의 꿈틀거림, 새로운 아이디어가 떠오를 때의 짜릿한 순간을 놓치지 않으려고 노력했습니다.

　　사실 처음에는 마치 거대한 폭포수 앞에 혼자 외롭게 서 있는 느낌이었습니다. 저렇게 폭포처럼 쏟아지는 세상의 변화, 트렌드, 지식과 정보 앞에서 멍하니 서 있는 시간이 꽤나 길었습니다. 폭포에 손을 내밀면 힘없이 빨려들어갈 것만 같았죠. 어떤 주제부터 생각을 시작해야 할지 몰라 망설이던 시간은 길어졌습니다. 어줍잖은 저의 가난한 생각에 '선물'이라는 포장지를 꺼내든 것은 아닌지, 의구심에서 결코 자유로울 수 없었던 시간이기도 했습니다. 그러다가 예정된 출간일자를 훌쩍 넘기고야 말았지요.

사람들은 왜 데이터를 서로 다르게 해석하는가?

지식과 생각에게 소개팅을 주선해야 하는 이유는 무엇인가?

인생에서 왜 '8'만으로 행복을 정의하는가?

숫자가 스토리를 만나면 어떻게 되는가?

창의력은 무엇인가? 지능인가?

돼지머리가 거꾸로 놓인 이유는 무엇일까?

미술은 왜 생각을 만나야 하는가?

다 큰 총각이 왜 홀딱 벗고 싶었을까?

왜 분석을 분석하고 질문에게 질문해야 하는가? 등

이 책은 다양한 주제에 대한 저의 생각을 여러분에게 선물하고픈 책입니다. 사랑하는 사람에게 줄 선물을 고르는 설렘과 행복을 기억하시나요? 더 좋은 선물을 하고 싶은 마음으로 때로는 생각을 비틀어보고, 뒤집어보았다가, 마구 뒤섞어보기도 했습니다. 물론 저 혼자 준비한 선물은 아닙니다. 어떤 생각은 바닷가 어느 외진 곳에 있는 아이들의 눈빛에서, 학생을 정말 사랑하는 선생님에게서, 고민이 가득한 학생들에게서, 무심코 펼쳐든 책과 신문에서, 사랑하고 존경하는 어머니께서 주신 메모에서 도움을 받았습니다.

마중물이란 순우리말로 메마른 펌프에 물을 끌어올리기 위해서 먼저 붓는 한 바가지 정도의 물을 뜻하는 말입니다. 이 책은 그 양과 깊이와 다양함을 가늠할 수도 없는 여러분의 생각이 선물처럼 솟아나도록 하고 싶은 저의 겸손한 마중물 한 바가지에 불과합니다.

어느 커피 회사의 '아침의 릴레이'라는 캠페인에서 본 광고 카피를 소개합니다. 처음 이 카피를 읽었을 때 '선물'을 받은 듯 마음이 따뜻해졌습니다.

캄차카의 젊은이가 기린의 꿈을 꾸고 있을 때, 멕시코의 아가씨는 아침 안개 속에서 버스를 기다리고 있다. 이 지구에서는 항상 어딘가에서 아침이 시작되고 있다. 우리는 아침을 릴레이하는 것이다.

(중략)

잠들기 전에 한순간 귀를 기울이면 어딘가 멀리서 자명종이 울리고 있다. 그것은 당신이 보낸 아침을 누군가가 분명히 이어받은 증거인 것이다.

좋은 아침입니다.

우리들의 생각을 릴레이해보는 것은 어떨까요? 어느 도서관에 가면 '책은 또 다른 책을 유혹한다'고 써 있다고 합니다. 저는 생각도 또 다른 생각을 유혹한다고 믿습니다. 이 책이 단지 책으로 그치는 것이 아니라 작은 움직임Movement이 되었으면 합니다.

즉 여러분의 선물 같은 생각들을 다른 사람들에게 '선물'

하는 움직임이지요. 솔직하게 말씀드립니다. 사실 저는 여러분이 주시는 생각을 선물받고 싶었습니다. 그래서 각 챕터 마지막 부분에 여러분을 위한 '생각할 문제'를 제 마음대로 출제했습니다.

'생각할 문제'는 답을 찾기 위해 존재하는 것이 아니라 '생각'을 해보기 위해 존재하는 것입니다. 선물에 정해진 규격이 없듯이 어떤 문제는 길고 또 어떤 문제는 짧지요.

혹시 이 책을 읽으시면서, 생각해볼 문제를 고민하시다가 선물 같은 생각을 떠올리셨다면 제게 보내주셔도 좋습니다. 물론 생각해볼 문제에 대한 것이 아니라도 좋습니다. 제 '선물'이 마중물이 되어 사람들에게 선물하고 싶은 여러분의 생각이 샘솟았다면 저에게 글을 보내주십시오(movingpassion@gmail.com). 분명 여러분의 생각은 제게서 또 다른 새로운 생각을 이끌어낼 선물이 될 테니까요.

생각을 선물하는 남자
김태원 드림

어릴 적에 영화를 보다가 소중한 사연을 병에 담아 편지를 보내는 장
면을 보며 신기해하던 때가 생각납니다. 끝없이 넓은 바다로 떠나보낸
병이 마술처럼 원하는 사람에게 닿는 순간, 그 편지는 편지가 아니라
'운명'이 되고 '희망'이 되었습니다. 그때마다 그 어린아이는 환호성을
질렀지요. 저의 생각을 담아 여러분에게 보냅니다. 여러분에게 닿아서
선물이 되기를 바랍니다.

차례

보이지 않는
손

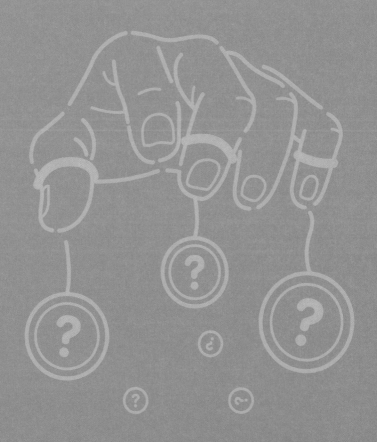

문제 하나 풀면서 시작할까요?

편하게 풀어보세요.

첫 번째 문제

태원이는 27살의 대학생으로 사회학을 전공하고 있다. 축구를 좋아해서 아마추어 축구팀 주장으로 활동했고, 글쓰기를 좋아해서 학생기자 활동도 꾸준히 했다. 태원이의 미래는 어떻게 될 가능성이 가장 높은가?

① 구글 직원
② 축구 동호회에 적극 참여하는 구글 직원
③ 축구 동호회에 적극 참여하고 책도 쓰는 구글 직원

몇 번을 정답으로 택하셨나요? 정답을 확인하기 전에 문제 하나 더 풀어보시기 바랍니다.

두 번째 문제

다음 중 발생할 확률이 가장 높은 상황은?

① A가 발생할 확률
② A와 B가 동시에 발생할 확률
③ A, B, C가 동시에 발생할 확률

여러분이 논리적인 사고를 하셨다면 첫 번째와 두 번째 문제의 정답은 같아야 합니다. 하지만 대부분 첫 번째 문제에서는 3번을 정답으로 선택하고, 두 번째 문제에서는 1번을 정답으로 선택합니다. 원리는 같은데 어떤 모습으로 마주하느냐에 따라 우리의 결정은 달라집니다. 제가 강연을 하면서 실험을 해봤더니 첫 번째 문제에서 3번을 선택하는 사람은 평균 95% 정도 됩니다. 두 번째 문제에서 1번을 선택한 사람은 99%지요. 정답은 두 문제 모두 1번입니다. 두 번째 문제를 풀면서 '아차' 하셨던 분이 있을 겁니다.

두 문제는 표현만 다를 뿐 문제의 답을 찾는 원리는 동일하기 때문입니다. 첫 번째와 두 번째 문제에 서로 다른 정답을 선택한 이유가 문제를 대할 때마다 우리의 지적 수준이 바뀌기 때문은 아니겠죠. 두 번째 문제에서 대부분 정답을 맞히는 이유는 첫 번째 문제를 풀 때 우리에게 영향을 준 '대표성의 오류'를 범할 우려가 없다는 점도 있지만, 우리에게 익숙한 형태의 문제이기 때문입니다.

수학에서 확률을 배운 사람이라면 한 번쯤 교과서나 문제집에서 비슷한 문제를 접했겠지요. 그런데 같은 원리에 조금만 다른 옷을 입히면 오답을 택하기 일쑤입니다. 세상이 컨버전스 Convergence를 외치고 있는데, 우리는 수학문제를 '수학문제'처럼 내야만 정답을 맞힙니다. 수능 수리탐구영역에서 확률 문제를 첫 번째와 같은 형태로 내면 오답이 속출할 것 같다는 생각이 듭니다.

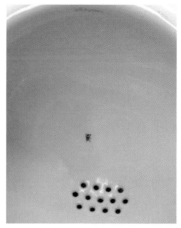

　　　네덜란드 암스테르담 스키폴 공항 남자화장실에 설치된 소변기가 화제였습니다. 공중화장실에서 흔히 볼 수 있는 소변기가 화제가 된 이유는 소변기 안쪽에 붙어 있는 파리 때문이었습니다. 사실 공중화장실에서 소변을 보다가 변기 안에 죽어 있는 파리를 한 번쯤 봤을겁니다. 그런데 왜 그렇게 화제가 되었을까요? 우리가 본 것이 우연히 죽어서 소변기에 붙어 있는 파리였다면, 스키폴 공항 남자화장실의 소변기 안쪽에 붙어 있는 파리는 일부러 붙여놓은 파리 모양의 스티커였기 때문이죠. 왜 파리 스티커를 붙여놓았을까요? 남자화장실에서 소변을 보기 위해 자세(?)를 잡으면 눈앞에 이런 문구가 보입니다.

　　문화 시민은 한 발짝 더 다가섭니다.

남자가 흘리지 말아야 할 것은 눈물만은 아닙니다.

소변이 소변기 밖으로 튀면 위생상 좋지 않기 때문에 '조준'을 잘 하라는 안내문구입니다. 하지만 남자들은 그런 안내문구에도 아랑곳하지 않는 경우가 많습니다. 파리 모양 스티커를 붙여놓은 이유는 소변이 변기 밖으로 튀는 것을 방지하기 위해서입니다. 소변기 안에 파리가 붙어 있으면 행동이 달라진다고 합니다. 소변을 보기 위해 자세를 취한 남자들은 소변기 가운데 붙어 있는 파리를 보는 순간 그 파리를 향해 공격(?)을 시작하지요. 단색으로 밋밋한 소변기에 목표 지점이 생긴 겁니다. 실험을 해보니 파리가 없을 때보다 소변기 밖으로 튀는 소변의 양이 80%나 줄어든다고 합니다. 그것이 바로 소변기 안쪽에 파리 스티커를 붙인 이유였습니다. 소변을 보는 사람이 변한 것도 아닌데, 어떤 소변기를 마주하느냐에 따라 우리의 행동은 달라집니다. 즉, 소변기 바닥이 어떻게 생겼느냐가 남자가 소변 보는 행동에 영향을 주는 것이지요.

3개월 동안 10번의 면접이라는 힘겨운 과정을 거쳐 구글 입사가 확정되었을 때, 저희 집에서는 웃지 못할 일이 벌어졌습니다. 구글이라는 회사를 잘 모르던 부모님은 어떤 회사인지 궁금해하셨고, 저는 부모님 앞에서 노트북을 열고 구글 사이트에 접속을 했지요. 하지만 부모님은 아무 말 없이 가만히 계셨습니다. 왜

였을까요? 사실은 기다리고 계셨던 겁니다. 아직 사이트가 다 열리지 않았다고 생각하셨기 때문입니다. 여백의 미(?)로 가득한 구글 사이트를 잘 모르셨던 부모님은 구글 사이트도 다른 국내 포털처럼 이것저것 광고도 뜨고 메뉴도 생길 거라고 생각하셨습니다. 그런데 한참을 기다려도 계속 흰 바탕만 보이니 사이트가 아직 다 안 열렸다고 생각하신 거지요. 아마 부모님의 머릿속에 자리 잡은 검색엔진 혹은 포털사이트의 모습과는 전혀 다른 낯선 구글의 모습이 이렇게 웃지 못할 일을 경험하게 했습니다.

UI = User Interface

UI는 User Interface의 줄임말입니다. 우리가 마주하는 화면의 디자인이나 배치 등을 표현하는 용어이지요. 인터넷 관련 분야에서 일하다 보니 UI의 중요성에 대해 깨닫는 경우가 한두 번이 아닙니다. 인터넷 유저들이 어떤 UI를 접하느냐에 따라 행동이 달라지거든요. 인터넷 시대에 등장한 '보이지 않는 손'이라고 할 수 있습니다. 세상이 점점 더 온라인으로 옮겨 갈수록 우리는 의사결정을 할 때 UI 영향을 많이 받게 됩니다.

예를 들면 여러분은 포털사이트에 접속하기 전에 정치 기사를 3개 보고, 스포츠 기사를 2개 보고 나와야겠다고 미리 결정하고 가시나요? 보통 그런 경우는 거의 없지요. 포털사이트에 방문하면 나도 모르게 기사를 클릭하게 됩니다. 포털사이트는 클릭하고 싶은 기사를 가운데 눈에 잘 띄는 곳에 노출시키는 UI를 가지고 있기 때문입니다.

제가 예를 든 수학문제가 그랬고, 구글의 낯선 UI가 부모님을 당황스럽게 했고, 암스테르담 스키폴 공항 남자화장실 소변기에 붙어 있는 파리 모양 스티커는 사람들의 행동을 완전히 바꾸어놓았지요. 이런 UI가 우리의 삶에 영향을 준다면 우리의 학창시절이나 사회생활을 UI의 관점에서 해석해보는 것은 어떨까요? 우리의 학창시절은 어떤 UI로 이루어져 있나요? 여러분의 직장생활은 또 어떠한지요? 우리는 UI를 바꾸기보다는 UI에 순응하거나 이끌려가는 경우가 많습니다. UI가 우리의 행동에 영향을 끼쳤다면, 반대로 여러분이 원하는 방향으로 행동할 수 있게 UI를 적극적으로 바꿔보는 것은 어떨까요?

생활 속에서 실천할 수 있는 것 중 하나는 바로 컴퓨터에 있는 '즐겨찾기' 목록입니다. 즐겨찾기라는 메뉴는 자주 방문하는 사이트에 대한 접근성과 편의성을 높이기 위해 만들어진 UI라고 할 수 있습니다. 저는 즐겨찾기에 새로운 사이트를 자주 등록합니다. 그러지 않으면 익숙한 사이트만 자꾸만 가게 되거든요. 인터넷 서핑을 하다 보면 특정한 목적 없이 그냥 시간을 보내는 경우도 있는데, 이때 즐겨찾기에 새로운 사이트를 등록해놓으면 그러지 않을 때보다 더 자주 방문하게 됩니다. 사람을 만나는 것도 마찬가지겠지요. 친한 친구와 우정을 깊이 가져가는 것도 중요하지만, 새로운 사람을 만나 인간관계와 경험을 확대하는 것도 여러분의 삶을 풍성하게 해줄 겁니다. 우리의 삶에서 마주하게 되는 UI가 새로워지고 다양해지면 우리도 조금씩 새로워질 수 있습니다.

아래는 UI에 대한 제 강의를 들으신 초등학교 선생님께서 보내주신 메일입니다.

저의 UI는 수많은 교실 중 단 한 칸일 뿐인 작은 공간이지만, 27명의 미래를 생각하면 결코 작은 무대라고 생각할 수 없는 곳입니다. 지난 강의에서 전해주신 내용도 좋았지만, 그뿐만 아니라 더 가슴 깊이 전달하기 위한 소재를 찾고자 강의 직전까지 고심하신 흔적이 마구 느껴지는 그 열정과, 다 벗어버리셨다고 표현하시던 진솔한 모습에서도 많은 것을 배웠습니다. 태원 님으로부터 전달받은 가슴 떨리는 메시지를 항상 기억하고 실천하기 위해 우리 반 교실 벽부터 작은 변화를 시작했습니다. 굿네이버스를 통해서 후원하고 있는 과테말라의 여자아이 사진을 붙여둔 것이죠. 함께 배우고 가르칠 수 있다는 것에 대한 감사와 책임감에서 시작하니 우리 반 아이들에 대한 저의 표정, 말 한마디, 수업을 준비하는 마음가짐이 변화함을 경험할 수 있었습니다. UI의 변화가 저의 행동을 변화시켰고 우리 반 아이들의 변화로 연결되고 있습니다. 이러한 과정들이 모여 대한민국의 변화를 만들어가는 것이라고 생각합니다.

제가 시도했던 UI의 변화, 저뿐만 아니라 아이들의 UI도 변화시키면 저희 교실에 좀 더 큰 변화가 찾아올 것 같아서 새로운 시도도 해보았답니다.

우리 학교는 아침마다 15분간 독서하는 시간을 갖습니다. 등굣길에 본 것, 밤새 있었던 일, 어제 학원에서 있었던 일, 옆 친구 필통의 새로운 샤프 등 하고 싶은 이야기가 가득인 아이들이 아침에 등교하자마자 조용히 앉아 책을 읽는다는 것이 쉽지만은 않겠지요. 그래서 그 행동을 습관화하기 위해서 우리 반 아이들에게 후원 아동의 이야기를 해주었습니다. 비슷한 또래의 친구가 적은 임금을 위한 노동 대신 학교에서 꿈을 키울 수 있도록 우리가 함께 돕자고 말입니다.

우리 반 모든 아이들이 이야기하고 싶은 마음을 꾹 참고 조용히 아침 독서를 한 날에는 달력에 별 스티커를 붙였습니다. 월말이 되면 성공한 날 수를 세어서 하루에 1000원씩 우리 반 아이들 이름으로 제가 후원하기로 정했습니다. 다음 날 아침, 독서를 좋아하는 우리 반 부회장 여자아이는 평소보다 일찍 와서 조용히 앉아 독서를 합니다. (어쩜 이런 생각을 다 했을까요!) 한두 명씩 담소를 나누며 들어오는 아이들, 평소와는 달리 조용히 독서하는 교실

분위기에 잠시 의아해하다가 후원 아동의 사진을 보고는 아하, 하며 금세 소리를 낮추고 자리에 앉아 책을 꺼내 폅니다.

이제 더 이상 제가 아침마다 굳은 표정으로 "조용히 하세요. 다른 사람에게 방해되지 않도록 하세요. 책 꺼내세요." 반복해서 훈계하듯 말할 필요가 없게 된 것이지요. (물론 가끔씩은 상기시켜줘야 합니다. 하지만 "오늘도 기부합시다." 이 한마디면 되지요.) 눈빛으로 말하고 고개를 끄덕이며 독서하는 아이들이 정말로 신기하고 너무나 예쁘고 고맙습니다.

제가 후원하는 것 외에도 자신들의 용돈도 기부하고 싶다며 저금통을 만들자는 제안도 나왔습니다. 사진 속 분홍색 작은 플라스틱통이 그것입니다. 이 저금통에 모인 돈으로는 크리스마스 선물을 보내기로 했습니다. 관심 없어 보이던 저희 반 장난꾸러기 남학생은 언제 꼼꼼히 읽어두었는지, "꿈이 선생님인 아이니까 책을 선물하는 건 어떨까요?", "한국에서 산 한글로 된 책을 선물한들 읽을 수 있을까요?" 같은 정말 귀엽고 사랑스러운 질문을 했습니다. 그 외에도 축구공, 문화상품권 등 자신들이 받고 싶은 선물을 제안하는 귀여운 발표가 이어졌습니다. 이런 소소한 일상들은 이 일을 사랑할 수밖에 없도록 만듭니다. 넬리를 통해서 아침 독서시간뿐만 아니라 지구 반대편 친구를 배려할 수 있는 마음까지 얻었습니다. 첫 시도에서 이렇게 큰 변화를 실감하고 나니 변화하기 위한 열정을 쉬지 말아야겠다는 다짐이 강해집니다.

UI를 바꾸는 실천이 우리의 미래인 어린이들에게도 긍정적인 영향을 줬다는 이야기에 가슴이 뭉클했습니다. 무엇보다 강의를 듣고 지나치는 것이 아니라 열정을 움직여서 실천해주신 선생님에게 박수를 보내고 싶습니다. 사실 선생님이 보내주신 메일을 읽으며 눈시울이 붉어졌습니다. '선생님'과 '아이들'이라는 익숙한 단어가 더없이 따뜻하고 뭉클하게 느껴졌기 때문입니다. 이런 경험도 UI의 영향이었을까요?

우리가 늘 노출되어 있고, 영향을 받고 있는 UI. 이 UI에 어떤 생각을 더해야 여러분에게 선물이 될 수 있을지 고민하는 시간이었습니다. 어떠셨나요? You(유: 여러분)와 I(아이: 나)를 바꾸는 또 하나의 방법은 UI(유아이)를 바꾸는 것입니다. 발음이 절묘하군요. 여러분의 생각도 절묘해지길 바랍니다.

생각해볼 문제

제가 좋아하는 『상식의 경제학』의 저자 댄 애리얼리 교수의 강의 일부를 소개합니다. 아래 그래프는 각 나라별로 장기기증 의사를 조사한 결과입니다.

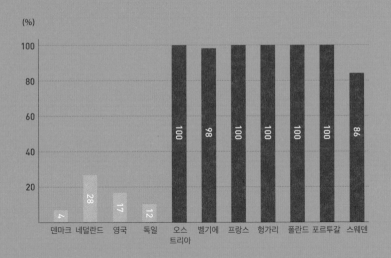

(%)

덴마크	네덜란드	영국	독일	오스트리아	벨기에	프랑스	헝가리	폴란드	포르투갈	스웨덴
4	28	17	12	100	98	100	100	100	100	86

어떤 특징을 발견하셨나요? 우리는 기본적으로 장기기증이라는 것은 사회적 유대, 시민의식, 종교 등과 관련된 의지라는 생각을 합니다. 그런데 결과를 살펴보면 우리가 흔히 비슷한 문화권, 비슷한 특징을 지녔다고 생각하는 나라들이 서로 다른 결과를 보여줍니다. 네덜란드와 벨기에는 서로 반대편에 있습니다. 덴마크와

스웨덴은 비슷한 나라라고 생각하지만 장기기증 의사는 전혀 다릅니다. 독일과 오스트리아도 마찬가지군요. 그러면 소위 선진국으로 분류되는 나라들은 그렇지 않은 나라에 비해서 장기기증에 적극적일 것이라는 가정하에 그래프를 분석해봅시다. 네덜란드, 영국, 독일은 폴란드나 헝가리에 비해서 선진국임에도 장기기증 의사는 오히려 반대입니다. 도대체 이런 결과가 나온 이유는 어디에 있을까요? (잠시 고민을 해보신 후에 아래 글을 읽어보시기 바랍니다.)

그 비밀은 바로 질문 형태에 있습니다. 장기기증 의사가 낮은 나라들은 장기기증 의사를 묻는 질문이 이런 형태입니다.

Opt-in

☐ **Check the box below if you want to participace in the organ donor program**

"장기기증에 참여하고 싶으면 체크하시오."

사람들은 대충 읽어버리고 체크하지 않고 넘어가지요. 장기기증 프로그램에도 자연스럽게 참여하지 않는 셈이 됩니다. 장기기증 의사가 높은 나라는 질문이 반대로 되어 있습니다.

Opt-in

☐ Check the box below if you **don' t want** to participace in the organ donor program

"장기기증 프로그램에 참여하고 싶지 않다면 체크하시오."

이 경우에도 사람들은 질문을 대충 읽고 체크를 하지 않습니다. 그렇다면 장기기증 프로그램에는 참여하는 셈이 되지요. 질문의 형태가 부정형이냐 긍정형이냐에 따라 의사결정이 달라진 것입니다. 저는 단지 질문의 UI에 따라 장기기증이라는 중요한 의사결정이 다르게 내려지는 것을 보며 허무해지기까지 했습니다. UI를 삶에 적용할 때 눈에 보이는 것에만 적용하지 마시고, 방향이나 습관, 논리 등에도 적용해보시기 바랍니다.

데이터,
어색한 옷을 입다

가을이었습니다. 두꺼웠던 달력은 얇아졌고, 이불 없이는 편안한 잠을 즐길 수 없는 쌀쌀한 새벽도 돌아왔습니다. 저녁이면 선선한 바람을 맞으며 친구들과 한강 둔치에 앉아서 맥주도 한잔하고 싶어졌습니다. 대학가의 축제 소리가 들리는 것만 같았죠. 그들은 얼마나 신날까요? 하지만 저는 회사 사무실에 앉아서 수많은 숫자와 그래프로 이뤄진 데이터와 씨름하면서 열심히(?) 가을을 잊어가고 있었습니다.

해외 트렌드를 분석하기 위해 자료를 찾던 중에 발견한 재미있는 자료를 소개합니다. 사람들에게 '지금이 저축을 하기에 좋은 시기냐?'고 물어봤습니다. 경제위기 때문인지 사람들은 지금이 저축을 하기에 좋지 않은 시기라고 인식하고 있습니다. 경제위기가 깊어질수록 그 정도는 더욱 심해지고 있군요. 그런데 그런 사람들의 생각과는 달리 실제 신규 저축은 오히려 더 늘어나고 있습니다. '말 따로, 행동 따로'라고 매일매일 어머니의 꾸중을 듣는 제게 변명거리가 하나 생겼습니다.

"어머니 보세요. 원래 사람은 그런 거라고요."

물론 중학교 1학년이 입은 큼지막한 교복처럼 손발이 오그라들 만큼 어색한 변명이라는 것은 잘 알고 있습니다. 솔직하게 고백하고 나니 뒷맛이 씁쓸하기는 합니다.

■ 저축하기 좋은 시기

■ 신규 저축 증가율

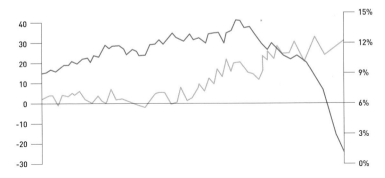

Source: GfK Omnibus May 2008, GfK FRS monthly

　　오늘도 노트북을 들고 즐겨 찾는 커피숍에 왔습니다. 사람들이 붐비기 전에 조용하게 글을 쓰려고 아침부터 서둘렀지요. 솔직히 유난히 게으름을 피우고 싶은 일요일 아침이었습니다. 밖이 내다보이는 전망 좋은 자리에 혼자 앉아 이번에는 어떤 생각을 여러분에게 선물할 수 있을까 고민하다가, 창밖으로 보이는 수많은 연인들의 모습을 부러워하며 거의 한 시간을 보냈네요. 사람들이 붐비기 전에 글을 써야 한다는 생각은 점점 더 커지는데, 마음은 점점 더 창밖으로 향하고 있습니다. 마음에 여유가 있을 때에도 좋은 글을 쓸까 말까 한 제가 이렇게 농땡이를 부리고 있습니다.

　　'저축하기 좋은 시기 = 글쓰기 좋은 시간', '신규저축증가율 = 농땡이 증가율'로 바꿔보니, 위 그래프가 마치 제 마음을 낱낱이 공개해버린 것 같아 왠지 민망합니다. 이렇듯 우리의 생각, 감정, 경험들을 숫자와 그래프 등 눈에 보이는 무엇으로 표현하면 정말 도망갈 곳이 없어지곤 합니다. 그래서 사람들은 소중한 것은 마음속에 품으라고 했던걸까요?

아래 그래프는 전 세계 구글에서 발생하는 검색량을 근거로 2004년부터 최근까지 LCD TV, Plasma TV, LED TV, 3D TV의 상대적인 관심도를 나타내고 있습니다. 텔레비전 시장이 변해가는 모습을 검색량을 통해서도 확인할 수 있죠. LCD TV 시장은 꾸준히 성장한 반면, Plasma TV 시장은 조금씩 후퇴하고 있습니다. 시장도 실제로 그렇게 변하고 있고, 검색량에서도 그대로 나타납니다. 그리고 2009년 초부터 삼성전자가 주도하는 LED TV 시장이 급부상하기 시작했는데, 그 트렌드 역시 검색량에 그대로 나

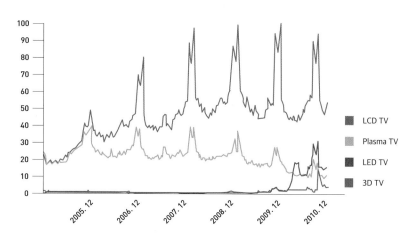

Source : Google Trends

30

타나는군요. 외국 사람들은 크리스마스와 연말 세일을 맞아 12월에 전자제품 구매를 많이 하는데, 그런 소비습관도 검색량에서 쉽게 확인할 수 있습니다. 사람들의 관심은 검색으로 나타나니까요. 2010년의 화두는 3D TV였는데, 실제로 검색량이 급증하고 있죠? 그래서 검색은 트렌드를 분석하는 데 참 매력적인 수단이라는 생각이 듭니다.

그래프에 나와 있는 검색량 트렌드에는 의견이 포함되어 있지 않습니다. 유저들의 검색량을 그대로 그래프로 옮긴 것입니다. 사실로만 이뤄진 데이터죠. 그래프 자체에는 어떤 의도나 주관이 포함되어 있지 않습니다. 그런데 그래프를 해석할 때는 문제가 달라집니다. 그래프는 사실만을 보여주었을지라도 해석하는 과정은 저마다 관점의 영향을 받게 되지요. 그럴 때 데이터는 종종 어색한 옷을 입습니다.

다음 그래프는 약 10년 동안 영국의 광고시장이 광고매체별로 어떻게 변화해왔는지를 보여주고 있습니다. 사람들에게 이렇게 질문했습니다.

7개의 시장이 어떻게 변하고 있는지 보여주는 그래프가 있습니다. 이 중에 지난 10년 동안 가장 안정적이었던 시장은 어디라고 생각하시나요?

여러분이 이런 질문을 받는다면 어떻게 대답하시겠습니까?

대학생이나 직장인 할 것 없이 대부분의 사람들이 라디오 광고시장과 옥외광고시장이 가장 안정적인 시장이라고 대답했습니다. 왜냐고 물어보니 '큰 변화 없이 꾸준히 시장을 유지시켜 왔기 때문'이라고 합니다. 저는 라디오 광고시장은 가장 불안정한 시장이라고 생각합니다. 죽어가는 시장이라고 표현해도 과언은 아닌 것 같습니다. 성장하지 않는 시장은 죽어가는 시장이나 마찬가지이기 때문입니다. 수많은 젊은이들이 일자리가 없어서 힘들어하는 이유도 결국은 시장이 성장하지 않고 있기 때문이지요. 그런데 죽어가는 시장을 사람들은 안정적이라고 말합니다.

'안정'을 바라는 사람들이 '가장 불안정한' 선택을 하는 모순을 어떻게 설명해야 할까요? 사람들이 라디오 광고시장과 옥

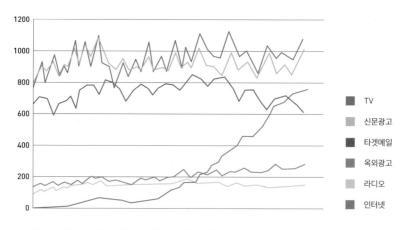

Source: PricewaterhouseCoopers / Internet Advertising Bureau
/ Advertising Association / Radio Advertising Bureau / WARC

외광고시장이 가장 안정적이라고 말한 이유는 무엇일까요? 그것은 안정에 대한 관점 때문입니다. 그들이 생각하는 안정이라는 것은 '변하지 않고 가만히 있어도 되는 것', '외부 영향에 따른 변동이 적고 원래의 상태를 유지하는 것' 등을 의미합니다.

안정을 그런 관점으로 바라보는 사람에게는 당연히 변동이 거의없는 시장이 가장 안정적으로 보일 겁니다. 안정에 대해 사람들이 갖고 있는 개념은 눈에 보이지 않습니다. 안정을 선으로 표현해보라고 한다면 누구도 오르내림이 심한 선을 긋지는 않을 겁니다. 변화와 떨림이 없는 수평에 가까운 선을 그리겠지요. 어떤 개념이 눈으로 명확하게 표현될 때 우리는 도망갈 곳이 없어지게 됩니다. 하지만 자신이 그 개념에 대해서 어떻게 생각하는지를 정확히 알 수 있습니다.

저는 인터넷 시장이 가장 안정적인 시장이라고 생각합니다. 성장하는 것이 곧 안정적이라고 생각하기 때문이죠. 여러분도 '안정적인' 미래를 꿈꾼다면 끊임없이 성장하고 변화해야 합니다. 그렇지 않으면 '멈춰 서 있는 그 자리가 곧 무덤'이 될지도 모릅니다. 여러분이 앞으로 계속 성장하고 변화한다면 안정적으로 살 수 있을 거라는 말에는 이견이 별로 없을 겁니다. 이렇게 우리의 관점에 따라 그래프는 다른 옷을 입게 됩니다.

'안정'에 대한 우리의 관점이 데이터를 잘못 해석하는 경우를 살펴봤습니다. 데이터의 홍수 속에 살고 있지만, 데이터는 우리의 분석력을 통해 진정한 생명을 얻을 수 있습니다. 회사에서 일하다 보면 데이터로 말해야 하는 경우가 많습니다. 개인적인 의견을 객관적인 데이터로 뒷받침해서 상대방을 설득하고, 트렌드를 분석해야 하니까요. 때로는 숫자와 그래프만 가득한 슬라이드를 놓고 한 시간 넘게 회의를 하면서, 가장 위대한 언어는 숫자가 아닌가 하는 생각을 할 때도 있습니다.

　데이터는 섹시합니다. 정확하고 차갑고 날카롭지요. 하지만 데이터를 해석하는 여러분의 관점은 훨씬 더 섹시할 수 있습니다. 그 관점에 대한 생각을 여러분에게 선물하고 싶습니다.

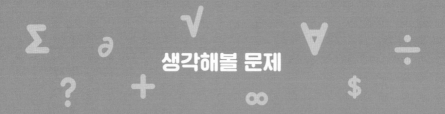

생각해볼 문제

아래는 한 조사기관이 2009년도 광고시장의 성장률을 예상한 그 래프입니다. 어느 시장이 가장 안정적인 시장으로 보이나요?

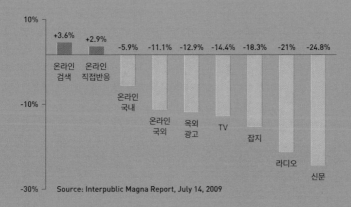

대부분 플러스 성장을 기록한 '온라인 검색'이나 '온라인 직접 반 응' 시장이 가장 안정적이라고 대답했겠죠? 네, 저도 경제위기에 도 플러스 성장을 한 두 시장이 가장 안정적이라고 생각했습니다. 마이너스 성장을 한 시장에서 일하는 사람들은 매우 추운 2009년 을 보냈겠지요. 그런데 앞에서 본 지난 10년 동안 영국의 광고시 장의 변화를 나타낸 그래프와 차이점을 느끼셨나요?

저는 이 두 질문은 같은 질문이라고 생각합니다. 두 문제 모두 '성장하는 것이 안정적이다'라는 같은 기준으로 정답을 선택하는 과정이었습니다. 하지만 두 질문에 대한 답은 상이한 경우가 많았을 겁니다. 우리는 플러스 성장은 긍정적으로 해석하고 마이너스 성장은 부정적으로 해석하는데, 이 그래프는 그런 우리의 인식을 반영한 그래프이기 때문이지요. 같은 원리의 문제더라도 문제의 형태에 따라 우리는 종종 다른 선택을 합니다. 그 선택이 이렇게 비합리성으로 이어지곤 하지요. 비즈니스나 중요한 의사결정에 피해를 입지 않도록 주의하면 좋겠습니다.

두 번째 챕터는 첫 번째 챕터에서 말씀드린 'UI'에 대해서도 생각하게 합니다. 그래프를 어떤 UI로 보여드리느냐에 따라 의사결정이 달라졌으니까요.

f(TL)=OTL

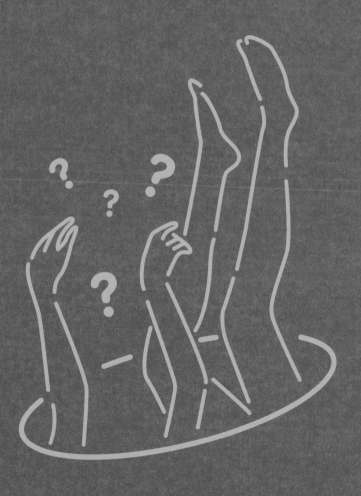

나는 하찮은 것이 좋다. 시시한 것은 더욱 좋다. 아무도 관심을 두지 않는 것들. 흘러가는 바람에 뒹구는 낙엽 조각 같은 것. 빈 소주병 속에 몰래 숨어 있는 부러진 이쑤시개 같은 것. 누군가를 이유 없이 골려주고 싶은 어린애 같은 장난기… 시시함과 하찮음. 생각나라 입장권이다.

강우현 대표 개인 홈페이지(www.kwooz.net)

마치 평화롭고 따뜻한 풍경화 같은 글. 이 글은 제 어머니께서 그토록 가고 싶어 하시는 남이섬의 대표이신 강우현 대표 홈페이지에 있는 글입니다.

"태원아, 엄마는 남이섬에 한번 가고 싶다."

어머니는 텔레비전에서 남이섬 소개를 보신 후부터 늘 남이섬 가는 날을 기다리셨습니다. 자동차로 2시간이면 갈 수 있는 거리인데 저는 벌써 1년 동안 그 약속을 못 지키고 있네요. 아쉬운 대로 남이섬의 멋진 풍경이 담긴 사진을 먼저 보여드렸다가 오히려 타오르는 불에 기름을 끼얹은 꼴이 되어버렸죠. 올해는 꼭 모시고 다녀오려고 합니다.

그런데 여러분은 지금의 남이섬이 있기까지 참 많은 사연이 있었다는 것을 알고 계신가요? 강우현 대표가 처음 남이섬을 맡았을 때 남이섬의 전체 연매출은 20억에 불과했고, 그보다 3배나 많은 은행빚이 있었습니다. 회생불가, 대출불가, 매각불가……
하지만 이런 남이섬은 마치 운명처럼 상상력으로 가득 찬 한 남
자, 강우현 대표를 만나게 됩니다. 강우현 대표는 관광객은 새로
운 경험을 찾아다니는 사람들이며, 그들이 상상할 수 있는 수준의
시설이나 콘텐츠로는 관광사업을 성공시키기 어렵다고 말합니
다. 그래서 미래 관광산업을 창의적으로 이끌기 위해서는 상상력
의 기반 위에 자연과 인간을 조화시키는 '생명관광' 개념을 도입
해야 한다고 강조합니다. 그리고 마법처럼 남이섬은 조금씩 상상
력 가득한 공간으로 탈바꿈하게 되지요.

관광객이 버린 술병 3천 개로 담장을 쌓아 정원을 만들
고, 건물에서 떨어져 나온 목재는 표지판으로 사용했습니다. 남
이섬 호텔은 물안개가 '기본 서비스'라고 말하지요. 자연도 재배
치했습니다. 죽은 나무를 섬 복판으로 옮겨다 거꾸로 세웠습니다.
뿌리가 하늘을 향해 서 있는 나무 앞에서 사람들은 신기하다며 사
진을 찍습니다.

하루 중 이슬이 제일 먼저 내려온다는 이슬길에는 '참이
슬' 술병이 즐비합니다. 그런데 술병은 더 이상 술병이 아니고 꽃
병이 되었습니다. 가을이면 온갖 종류의 낙엽이 카펫처럼 섬에 깔
립니다. 이른 봄엔 그 낙엽을 태워 연기를 만들고, '남이섬은 낙엽
이 타는 그윽한 풍경과 냄새를 판다'고 말합니다. 그래서 남이섬
은 창의력과 상상력을 실험하는 거대한 실험실이기도 합니다. 하
지만 한 번에 되는 건 하나도 없었다네요. 잘 안 되면 이렇게 해보

고, 또 안 되면 저렇게 해봤다고 합니다. 그렇게 하다 나온 결과를 사람들은 성공이라고 말하지요. 남이섬 이야기를 듣고 있으면 '어떻게 저런 상상력을 발휘할 수 있을까?' 하는 감탄이 절로 나옵니다. 그리고 도대체 비결이 무엇인지 살짝 엿보고 싶어지죠. 저도 마찬가지입니다.

OTL

　　좌절해서 무릎을 꿇고 엎드려 있는 사람의 모습을 나타낸 것입니다. 흔히 쓰는 인터넷 용어이지요. 저는 우리를 'OTL' 하게 만드는 요인 중 하나가 바로 OTL에서 O를 뺀 'TL'이라는 생각을 하곤 합니다. 발음기호대로 읽으면 '틀'이죠. OTL을 종이에 쓰면서 낙서를 하다가 우연히 발견하게 되었습니다. 우리의 생각과 시선 속에는 틀^{Frame}이 있습니다. 틀이 있기 때문에 세상의 원리를 좀 더 쉽게 이해할 수 있고, 사고의 효율성을 높일 수 있습니다. 하지만 틀은 자유로운 상상력을 제한하기도 하고, 다양한 사람들의 모습을 고정관념 속에 가두기도 하지요. 거대한 감옥 같은 녀석입니다. f(TL) = OTL 이니 TL(틀)이 많을수록 창의적인 생각을 하는 데 더 큰 좌절을 느끼게 되겠군요.

제가 대학교 때 어떤 기업의 입사면접 자리에서 겪은 일입니다. 2차 면접은 프리젠테이션 면접으로 진행됐지요. 큰 항아리에 담긴 여러 가지 주제 중에 하나를 뽑습니다. 마치 상품추첨을 하는 기분이죠. 그런데 아뿔사! 제가 뽑은 발표 주제는 '농촌문제의 원인과 대책에 대해서 발표하시오'였습니다. 그 회사는 농촌문제와는 전혀 관련이 없어서, 저는 면접을 준비하면서 농촌문제에 대해 생각해본 적이 한 번도 없었습니다. 같은 조에 있던 학생들이 막 웃더군요. 안쓰러운 눈빛과 함께. 사실 저도 처음엔 당황하며 허탈한 웃음을 지었습니다. 그렇다고 발표를 포기할 수는 없겠죠? 저에게 주어진 준비 시간은 10분이었습니다. A4 크기의 투명한 OHP필름 한 장과 네임펜을 주시더군요. 짧은 시간에 파워포인트로 만들어서 발표하는 것은 어려우니 네임펜으로 자신이 발표할 내용을 OHP필름에 써서 영사기에 놓고 면접관 앞에서 발표를 하라는 겁니다. 자, 이제 여러분이 저와 같은 상황에 처했다고 가정해봅시다. OHP필름에 어떤 내용을 써서 발표하실 생각인가요?

많은 분들이 이 같은 발표문을 머릿속에 그리셨을 거라고 생각합니다. 우리에게는 아

주제: 농촌문제의 원인과 대책		
원인		
1		
2		
3		
대책		
1		
2		
3		

주 익숙한 발표문이죠. 주제, 원인, 대책 등 문제가 요구하는 것도 모두 포함하고 있습니다. 논리적으로 봐도 흠잡을 곳은 없습니다. 당시에 저는 아래와 같이 발표했습니다.

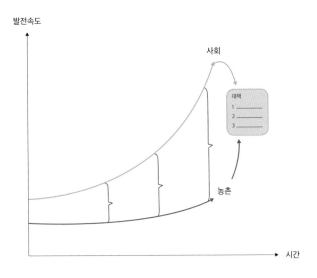

 "X축은 시간이고 Y축은 발전속도입니다. 사회의 발전속도는 시간이 흐르면서 점점 빨라지고 있습니다. 농촌의 발전속도도 빨라지고 있지만 농촌문제가 발생하는 근본원인은 사회와 농촌의 발전속도의 격차가 계속 벌어지기 때문입니다. 하지만 사회와 농촌의 발전속도 격차를 줄이기 위해 사회의 발전속도를 늦추는 것은 합리적인 결정이 아니므로, 농촌의 발전속도를 높여야 합니다. 농촌의 발전속도를 높이기 위해서는 이러이러한 대책이 필요합니다."

발표가 끝나고 면접관이 그러시더군요.

"태원 씨 앞에 수많은 학생들이 프리젠테이션을 하고 갔는데, 그래프를 그려서 발표한 사람은 태원 씨뿐입니다. 모두 우리가 늘 보는 익숙한 발표문의 형태에 글자로 채워진 발표문으로 프리젠테이션을 했습니다."

저는 합격하게 되었습니다. 생각해봅시다. 프리젠테이션을 왜 할까요? 자신의 의견이나 생각, 주장 등을 상대방에게 효과적으로 전달하고 설득하기 위함일 겁니다. 그 목적을 잘 달성할 수 있다고 꼭 정해진 발표문의 형태를 고집할 필요는 없다고 생각합니다. 제가 면접을 봤던 기업도 제가 농촌문제에 대해서 얼마나 많은 지식을 갖고 있는지를 평가하기보다는 문제를 어떻게 창의적으로 표현하고 해결하는지를 보고 싶었을 거라고 생각합니다. 제가 그린 그래프는 2차 함수를 배운 사람이라면 누구나 활용할 수 있는 그래프지요. 하지만 우리는 익숙한 '틀'을 고수하는 경우가 많습니다. 초등학교 시절로 돌아가볼까요? 바른 생활, 슬기로운 생활이라는 과목을 배우면 한 단원이 끝날 때마다 마지막에 요점 정리를 하는 페이지가 있었습니다. 대부분의 학생들이 발표했다는 발표문처럼 생겼지요. 틀은 이미 있고, 빈 칸을 채워 넣으면 됩니다. 아직 논리라는 것이 부족한 초등학교 학생들에게 논리적인 틀이 어떤 것인지 보여주는 것은 교육적으로 의미가 있다고 생각합니다. 그런데 문제는 그 틀이 머릿속에 자리 잡고는 대학을 졸업할 때까지도 변하지 않는다는 것이죠. 초등학교 때 '틀'을 가르쳐준 이유가 그 '틀'을 외우라는 것이 아니라 논리적으로 사고하는 방법을 배우라는 것일 텐데요. 논리적으로 사고하고 창의적으로 표현하기 위한 준비체조 같은 시간이었을 겁니다.

그림을 그리던 어떤 아이가 있었습니다. 도화지를 주면 종이 전체를 크레파스로 까맣게 칠해버렸죠. 새 도화지를 줘도 마찬가지였습니다. 걱정이 된 부모는 아이를 병원으로 데려갑니다. 의사 선생님 앞에서도 아이는 변함없이 도화지를 까맣게 칠했습니다. 아이를 보는 의사 선생님들도 당황하셨죠. 아이의 행동을 이해하기 어렵기 때문입니다. 그런데 어느 간호사가 아이가 까맣게 칠한 도화지가 마치 퍼즐처럼 맞는다는 것을 발견합니다. 아이가 까맣게 칠한 도화지를 모두 가지고 큰 체육관으로 가서 바닥에 놓고 하나씩 맞춰 보았습니다. 무슨 일이 벌어졌을까요? 보시는 것처럼 고래가 되었습니다. 아이에게 도화지 한 장은 전체가 아니라 전체의 일부였던 것이죠.

이 이야기는 일본의 어느 공익광고에 나오는 내용입니다. 그리고 다음과 같은 말로 광고를 마무리합니다.

아이들의 잠재력을 키워주는 데는 어른들의 상상력이 필요합니다.

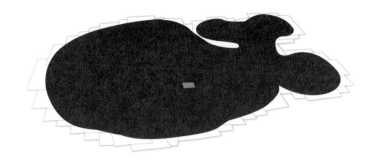

　　저도 어린 시절에 참 많은 그림을 그렸습니다. 도화지를 앞에 놓고 어떤 그림을 그릴까 기분 좋은 고민에 잠겨 있었죠. 눈앞에 있는 도화지는 제가 그릴 수 있는 무대의 전체였습니다. 머릿속에 떠오르는 여러 가지 것들을 작은 도화지 속에 어떻게 다 표현할 수 있을까 고민했습니다. 제 그림은 딱 도화지 크기만 했죠. 그 도화지 한 장이 더 큰 그림의 일부가 될 수 있다는 생각을 해보지는 못했습니다. 어쩌면 가장 창의적인 사고를 해야 하는 순간에도 우리는 도화지 크기의 '틀'을 머릿속에 넣고 있었는지도 모릅니다. 그런 '틀'을 머리에 넣고 살아가다 보니 도화지를 까맣게만 칠하고 있는 아이가 이상하게 보이는 것도 당연하겠죠. 대학에 가면 삶의 무대가 대학 크기만 하고, 회사에 가면 인생이라는 그림은 회사라는 도화지 크기를 벗어나기가 쉽지 않습니다.

　　규제 속에서 아이디어가 나옵니다. 안 되는 것, 어려운 것이 많아야 그것을 극복하는 과정에서 진정한 창의력이 생기는 겁니다. 나를 방해하는 사람이 있어야 하겠다는 의지가 더욱 강해지는 법입니다. 권투는 혼자서 하는 게 아닙니다.

강우현 대표에게는 틀조차 상상력을 위한 재료가 됩니다. 이미 우리의 생각 속에는 틀이라는 규제가 자리 잡고 있습니다. 창의력, 상상력을 놓고 벌이는 권투시합의 멋진 경쟁자죠. 오늘은 시원하게 한번 붙어봅시다. 처음부터 쉽지는 않을 겁니다. 한국 최초로 세계 복싱 챔피언 타이틀 2체급을 석권한 홍수완 선수처럼 7전 8기가 필요한 경기가 될지도 모릅니다.

TL(틀)을 깨는 것은 선물의 포장지를 뜯는 것과 같습니다. 열심히 깨면 선물이 여러분을 기다립니다.

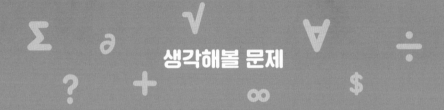

아래 이미지에서 A와 B에는 어떤 말이 써 있을까요? 어떤 말을
넣으면 메시지가 담긴 이미지가 될 수 있을까요?

바로 아래와 같이 써 있습니다.

A: Parents say (어른들이 말하는 것)
B: Children do (아이들이 하는 것)

어쩌면 틀을 깨는 것은 아이의 본능인지도 모르겠네요. 그때로 다시 돌아갈 수 있을까요? 그러기에는 너무나 많은 '틀'을 배웠고, 그 '틀'을 지키기 위해 노력하고 있지는 않나요? 맞습니다. 지킬건 지켜야죠. 하지만 지키지 않아도 되는 것을 애써 지키고 있다면 이야기는 달라지겠죠?

생각과 지식,
소개팅을 시작하다

수학은 무엇과 소개팅을 하면 좋을까요?

컨버전스는 여러 기술이나 성능이 하나로 융합되거나 합쳐지는 일을 의미합니다.

convergence; convergency
n., (pl. -genc·es;-cies) U
1. 한 점으로 집합함;집중성(opp. divergence)
2. 집합점
3. 【수학】수렴

애플의 아이폰은 컨버전스 트렌드의 상징적인 존재가 되었습니다. 핸드폰과 음악을 듣는 아이팟의 결합이었죠. 컨버전스의 파워에 새로운 기능들이 장착된 아이폰4는 다시 한 번 전 세계를 흥분시켰습니다. 제품을 사기 위해 밤을 새우며 늘어선 사람들의 행렬은 아이폰의 인기를 말해줍니다. 아이폰에 깔려 있는 수많은 애플리케이션은 우리가 삶 속에서 또 다른 컨버전스를 경험할수 있도록 도와줍니다.

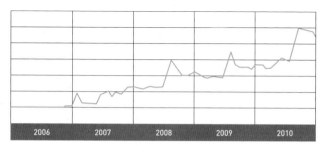

Source: Google Trends

앞의 그래프는 검색량을 바탕으로 전 세계 사람들이 구글에서 아이폰에 대해 보여준 관심도를 나타낸 것입니다. 2010년 6월 아이폰4가 공개되자 검색량은 치솟습니다. 아이폰이 컨버전스 트렌드의 상징적인 존재이기 때문에, 아이폰에 대한 검색 관심도 그래프가 곧 컨버전스에 대한 사람들의 관심을 나타낸 것과 같다고 생각합니다. 디지털 컨버전스, 스마트 컨버전스, IT 컨버전스 등 컨버전스가 트렌드를 이끌어가고 있습니다. 그래서 컨버전스의 시대에 효과적으로 대응하고 기회를 잡기 위해서는 우리에게도 컨버전스할 수 있는 사고가 필요하다고 생각합니다. 아이폰도 결국에는 스티브 잡스의 컨버전스식 사고가 제품으로 구현된 것이니까요.

애플은 아이폰4에 이어 또 다른 컨버전스의 상징적 존재가 될 아이패드라는 '화젯거리'를 세상에 선보였습니다. 사람들은 도대체 이 제품을 어떤 목적으로 사용해야 하는지 잘 모르겠다고 말합니다. 긍정적인 '논란거리'가 됐지요. 하지만 그런 생각에 멈춰 서지 않고, 소비자들은 적극적으로 아이패드를 활용하는 여러 가지 방법을 만들어내지요. 필요가 발명을 낳는 것이 아니라 발명이 몰랐던 '필요'를 찾아주고 있습니다. 그런데 '긍정적 논란거리'가 세상에 공개되던 날, 스티브 잡스는 '애플은 인문학과 기술의 교차로에 있다'고 말합니다. 아이폰, 아이패드 등 컨버전스 시대의 아이콘이 된 혁신적인 제품을 만들 수 있었던 이유가 바로 인문학과 기술의 컨버전스에 있었다는 말입니다. 신선했고 충격적이었지요.

어느 대학에서 강의할 때 있었던 일입니다. 스티브 잡스를 롤모델로 삼고 있는 학생이 있냐고 물어봤습니다. 많은 학생들이 손을 들었지요.

지금 손들었던 학생 중에 공대생도 있을 겁니다. 손들었던 공대생 중에 지난 1년 동안 인문학 책을 한 권이라도 읽은 분 있으면 다시 손을 들어주시겠습니까?

아무도 손을 들지 않았습니다.

극소수의 학생만 손을 들었습니다. 많은 학생들은 스티브 잡스를 존경하고 아이폰과 아이패드에 열광하지만, 컨버전스하려는 노력은 게을리했던 겁니다. 공대생이 인문학 서적을 읽는다고 학점이 높아지는 것도 아니고, 이력서에 쓸 수 있는 스펙도 아니라고 생각하기 때문입니다. 하지만 그들은 아이폰과 아이패드처럼 혁신적인 제품을 발명하는 창의적인 엔지니어가 되고 싶어 합니다. 스마트폰의 등장으로 우리는 이미 기술에서 자유로울 수 없는 시대를 살고 있는데, 인문학 전공자는 기술 관련 지식에 별로 관심이 없습니다. 하지만 최신 IT 기술로 발명된 전자제품을 만드는 회사에서 일하고 싶어 합니다.

구글에서 일하면서 저는 늘 답답했습니다. 구글에서 새로운 서비스를 런칭할 때마다 도대체 이 서비스가 기술적으로 얼마나 뛰어난 것인지 알 방법이 없기 때문입니다. 축구처럼 제가 잘 아는 분야라면 선수들의 움직임이나 패스를 보면서도 얼마나 수준 높은 경기인지 알 수 있지만 기술에는 아직 서툴기만 합니다. 대학교 때 IT 관련 지식을 쌓는 데 소홀했던 것이 후회되었습니다. 이런 저의 후회를 학생들에게 고백하면서 다른 전공이나 지식의 영역에 담을 쌓지 말라고 당부했습니다. 요즘 우리는 세상이 컨버전스를 향해 가는 것을 '흥미로운 구경거리'로만 생각하고 있었던 것은 아닐까요? 구경꾼이 아니라 주인공이 되기 위해서 우리는 어떤 노력을 해야 할까요? 저는 우리에게 컨버전스식 사고가 필요하다고 생각합니다. 서로 다른 영역의 지식이나 경험들을 통합하고 연결함으로써 새로운 가치를 만들어내는 사고 말입니다.

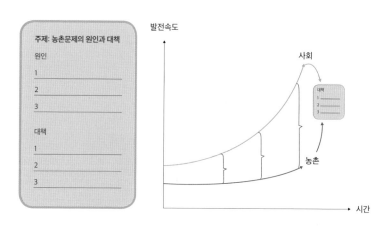

대학교 때 프리젠테이션 면접을 보면서 있었던 일을 이전 챕터에서 소개해드렸는데 기억하시나요? 그때 저는 두 가지 사례를 보여드렸습니다. 농촌문제의 원인과 대책에 대해서 짧은 시간 동안 준비해서 발표해야 하는 자리에서 왼쪽 표는 대부분의 학생들이 사용한 형식이고, 오른쪽 그래프는 당시 제가 유일하게 활용했던 형식이었다고 말씀드렸지요. 오른쪽 그래프는 수학시간에 배우는 2차 함수와 관련된 것입니다. 정규교육과정을 거친 학생들은 2차 함수 그래프 때문에 몸살을 앓았던 경험이 있을 겁니다. 프리젠테이션 면접에 참가했던 대학생들은 이미 고등학교 때 다 배웠던 내용입니다. 그런데 왜 아무도 활용하지 않았을까요?

　　우리는 수학과 사회는 별개의 과목이라고 생각합니다. 시간표를 봐도 수학과 사회는 구분되어 있습니다. 우리는 2차 방정식을 풀 때 오로지 수학의 관점에서만 바라봅니다. 사회시간에는 복잡하고 머리 아픈 수학에서 자유로워진 채 사회적 관점에서 사회문제를 배우지요. 그래서 이 둘을 서로 연결시키는 경험을 하지 못했습니다. 커피숍에서 노트북으로 이 글을 쓰다가 커피숍 냅킨에 몇 가지를 끄적여보았습니다.

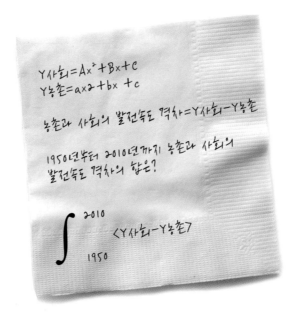

사회와 농촌의 발전속도의 격차를 2차 함수로 표현하면
어떻게 될까?
1950년대부터 2010년까지 사회와 농촌의 발전속도의 격
차의 합을 수학으로 표현하면 어떻게 될까?

복잡한 사회문제가 수학으로 표현됩니다. 더하기 빼기만
알아도 먹고사는 데 지장없다고 우기며 수학공부를 게을리하던
어린 시절이 생각납니다. 수학공부 하기 싫다고 투정부릴 때 배워
서 남주냐며 제 투정을 가볍게 꺾어주시던 선생님과 부모님의 말
씀이 틀리지 않았습니다. 선생님들을 모시고 강의를 할 때면 저는
앞의 사례를 보여드리면서 부탁을 합니다.

"컨버전스가 메인 트렌드로 자리 잡았습니다. 우리 학생
들에게 컨버전스식 사고가 필요한 시대지요. 학생들이 세상의 트
렌드에 꼭 맞는 인재가 될 수 있도록 노력해주십시오. 이 자리에
계신 수학 선생님은 사회문제를 활용해서 수학의 개념을 가르치
는 겁니다. 사회 선생님은 학생들이 배운 수학 개념을 통해서 사
회문제를 가르쳐주시는 거죠. 교육이 컨버전스를 시작하면 학생
들은 자연스럽게 컨버전스식 사고를 습관처럼 익히게 됩니다."

우리에게는 수많은 지식과 경험이 축적되어 있습니다. 예
를 들어 100가지의 지식과 경험이 축적되어 있다고 합시다. 이것

들을 서로 컨버전스하면 수백, 수천 가지의 새로운 아이디어가 됩니다. 그래서 컨버전스는 새로운 지식을 만드는 방법이면서 동시에 우리의 지난 지식을 새롭게 활용할 수 있는 방법이 되기도 합니다. 책이나 강의를 위해 새로운 콘텐츠를 준비할 때도 컨버전스식 사고는 많은 도움이 되었습니다. 창의력 개발에 대한 이야기를 하기 위해서 시와 흥미로운 마케팅 사례를 컨버전스하면 재미있으면서도 이해하기 쉬운 새로운 콘텐츠로 변신합니다.

　　미국 다우존스 지수에 대한 그래프를 대학생들의 취업 자신감 지수와 컨버전스시켜서 설명하니 많은 대학생들이 공감하더군요. 뉴욕 증권시장에 상장된 우량기업 주식 30개 종목을 표본으로 시장 가격을 평균하여 산출하는 세계적인 주가지수로 알려진 다우존스 지수와 대학생의 취업 자신감에는 어떤 관련이 있을까요? 2006년을 대학교 1학년으로, 2007년을 2학년, 2008년을 3학년, 2009년을 4학년으로 바꿔서 보라고 말합니다. 1학년 때는

다우존스 지수

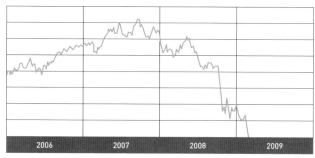

어느 회사나 입사할 수 있다는 자신감이 가득하지요. 2학년 초까지는 취업에 대해서 크게 두려움이 없습니다. 하지만 3학년을 앞둔 2학년 2학기 후반쯤이 되면 지난 2년 동안 준비한 것이 별로 없다는 생각이 들면서 조금씩 취업에 대한 자신감이 떨어지기 시작하지요. 3학년이 되면 취업 자신감은 급격히 떨어지기 시작하고, 4학년이 되면 바닥을 칩니다. 경제적인 관점에서 본다면 미국 주식시장에 투자하지 않은 대부분의 학생들에게는 크게 감흥을 주는 그래프가 아닐 수도 있습니다. 그런데 다우존스 지수 그래프를 대학생들의 삶과 연결시키면 학생들은 마치 자신의 삶을 보여주는 그래프라고 생각합니다.

직장인들에게는 입사 후 일에 대한 열정을 나타낸 그래프라고 비유하면 고개를 끄덕이곤 합니다. 입사 2년 정도가 지나면 슬슬 열정이 식어가고, 현실과 타협하는 자신이 보인다고 하면서요. 1×1=1이 아니라는 것을 콘텐츠의 컨버전스를 통해서 확인하게 됩니다.

다음 이미지가 무슨 말을 하고 싶어 하는지 이해하실 수 있나요? 옥외광고입니다. 이렇게 써 있네요. 이 옥외광고에 붙어 있는 돈은 이 나라 사람들이 사용하는 진짜 지폐입니다.

THANKS TO MUGABE THIS MONEY IS WALLPAPER

　　무가베라는 사람은 짐바브웨의 독재자입니다. 30년간 지
속된 무가베의 독재와 부정부패로 인해 짐바브웨의 경제 상황은
더욱 악화되어 아프리카에서도 가장 가난한 나라 중 하나로 전락
했고, 그와 그의 부인 그레이스는 호화 생활을 하며 외국으로 많
은 재산을 빼돌려 물의를 빚기도 했습니다. 각국의 경제 제재와
식량난으로 초인플레이션 상황에 직면하자 여러 차례 화폐개혁
을 실행했으나 경제 혼란은 더욱 심해졌지요. 이제 이 옥외광고가
무슨 말을 하고 있는지 이해가 되시나요? 이 광고는 무가베를 비
꼬고 있습니다. 무가베 때문에 엄청난 인플레이션에 직면하게 되
었고, 짐바브웨 화폐는 가치가 떨어져 휴짓조각이 되어버렸습니
다. 물가상승률이 무려 2억%가 넘는다고 합니다. 그래서 돈이 벽
지보다 싸기 때문에 '나는 돈을 벽지로 쓴다'고 비꼬는 것이지요.

암기식 교육이 주류를 이루던 예전의 우리 교실에서는 이런 일이 벌어졌을 겁니다. 어느 날 선생님이 교실에 들어서자마자 학생들에게 묻습니다.

"혹시 우리 반에 짐바브웨 대통령 이름 아는 사람 있어?"

학생들은 '아니, 미국이나 일본 대통령도 아니고, 저 아프리카에 있는 이름도 잘 모르는 나라의 대통령 이름을 어떻게 알아' 하며 투덜거립니다. 그런데 간혹 안다고 손을 드는 학생이 있지요.

"네, 선생님. 짐바브웨 대통령 이름은 무가베입니다."

그러면 선생님은 그 학생을 '명문대 갈 녀석'이라고 치켜세우며 학생들에게 박수를 치라고 강요했을 겁니다. 하지만 그 학생이 지금 짐바브웨 상황이 어떤지, 무가베 대통령은 어떤 대통령인지 모르고 그저 이름만 외우고 있다면 그것은 모르는 것이나 마찬가지입니다. 하지만 우리 교육은 외우고만 있어도 점수를 줬고, 그 학생은 좋은 대학에 들어갔던 시절이 있었습니다.

무가베를 비꼬는 저 옥외광고를 이해하려면 무엇이 필요할까요? 우선 그 당시 짐바브웨 대통령 이름이 무가베인 것을 알아야 합니다. 그리고 무가베 대통령이 얼마나 폭정을 했고, 그로 인해 경제가 파탄나서 물가상승률이 무려 2억%에 이르렀다는 것도 알고 있어야겠지요. 물가상승률에 대한 기본적인 이해가 있어야만 왜 돈을 벽지로 쓰는지도 이해할 수 있습니다. 즉 단편적인 지식을 외워서 이해하는 것이 아니라, 여러 가지 지식을 연결시켜야 이해할 수 있습니다. 컨버전스식 사고를 위해 우리는 지식을 연결시켜서 이해하려는 노력부터 시작해야 합니다.

여러분은 에이브럼 노엄 촘스키^{Avram Noam Chomsky} 교수에 대해서 잘 알고 있나요? 위키백과에서 말하는 촘스키 교수에 대해서 간단히 소개합니다.

에이브럼 노엄 촘스키(Avram Noam Chomsky, 1928년 12월 7일~)는 미국의 언어학자, 철학자, 정치운동가, 아나키스트, 저술가이자 진보적 교수이다. 현재 MIT의 언어학과 교수이다. 촘스키는 변형생성문법 이론을 만들어낸 학자로 유명하며 20세기에 가장 중요한 공헌을 한 언어학자로 존경받고 있다. 예술 및 인문학 인용 색인(A&HCI)에 의하면 1980년부터 1992년 사이에 촘스키는 생존한 학자들 중에서 가장 많이 인용되는 학자이고, 역대 인물 중 여덟 번째로 자주 인용되는 학자로 기록되어 있다. 1960년대 베트남 전쟁부터 촘스키는 미디어 비평과 정치적 행동으로 널리 알려졌다. 그의 정치적 행동과

제가 대학생 때 노엄 촘스키 교수에게 이메일을 보낸 적
이 있습니다. 미국을 방문하게 되었는데, 일정을 보니 매사추세
츠 공과대학(MIT)을 방문하는 것이 일정에 포함되어 있었습니다.
MIT에는 어떤 저명한 교수가 있는지 찾아보았고, 노엄 촘스키 교
수가 MIT에 재직 중인 사실을 알게 됐습니다. 그래서 메일을 보
냈지요. 꼭 만나고 싶다고요. 수업시간에만 듣던 세계적인 학자와
잠시만이라도 마주할 수 있다면 대학생인 저에게는 인생의 큰 동
기부여가 될 것 같았습니다. 그런데 당시에 저는 참 의아해했지
요. 세계적인 언어학자이자 철학자, 인문학자로 존경받는 노엄 촘
스키 교수가 학생들을 가르치는 곳이 MIT였기 때문입니다. 당시
저에게 MIT는 기술Technology과 공학으로 유명한 대학이었고, MIT에
세계적인 인문학자가 있을 것이라고는 상상도 못했습니다.

왜 노엄 촘스키 교수가 수많은 대학 중에 MIT에 있는지
정확한 이유는 잘 모르겠습니다. 컨버전스식 지식과 사고에 대
해 고민하면서 저는 이 오랜 궁금증에 대해서 뒤늦게 스스로 답을
내려봅니다. MIT에서 세계적인 과학자들이 배출될 수 있는 것은
MIT도 기술과 인문Liberal Art의 접점에 있기 때문이 아닐까요? 튼튼
하고 건강한 접점을 유지하기 위해서 기술뿐만이 아니라 인문학

에도 균형 있는 투자를 하지 않았을까요? 실제로 MIT에는 훌륭한 철학, 언어학, 문학, 예술 프로그램이 있으며, 학생들은 의무적으로 인문학과 사회과학 수업을 들어야 한다고 합니다. MIT 학생들이 부럽네요.

요즘 시를 자주 읽습니다. 수능 시험 이후로 시집에 손이 가는 경우가 거의 없었는데, 컨버전스를 고민하다가 시에 관심을 갖게 됐지요. IT 산업의 최전방에 있는 기업으로 출근하는 제가 손에는 시집을 들고 있습니다. 시에서 배운 상상력과 새로운 관점, 관찰력 등을 제가 하는 일에 적용하려고 노력하고 있습니다. 그러고 보니 서로 다른 지식이나 생각이 만나서 새로운 가치를 만들어내는 컨버전스식 사고는 마치 소개팅 같습니다. 낯선 남녀가 만나서 사랑에 빠지는 겁니다. 그리고 그 사랑은 이 두 남녀에게 더 의미있는 삶을 선물하지요. 물론 소개팅이 잘 안 되는 경우도 많습니다. 그래도 포기할 수는 없는 것 아니겠습니까? 컨버전스식 사고는 기술이나 기교가 아니라 '태도'의 문제이기도 하니까요. '태도'는 잠깐의 학습이나 훈련으로 형성되는 것이 아니라 오랜 시간과 경험과 시행착오의 축적으로 이뤄지는 것이죠.

눈을 크게 뜨고 주변을 보세요. 컨버전스할 수 있는 것이 무궁무진할 테니까요.

생각을 선물로 만드는 팁

매번 문제만 드리면 지루해하실 것 같아서 이번에는 생각을 선물하는 사람이 되기 위한 하나의 팁을 공유합니다. 아래 사진은 제가 갖고 있는 '새로운 아이디어'라는 이름의 파워포인트 파일을 열어서 캡처한 것입니다.

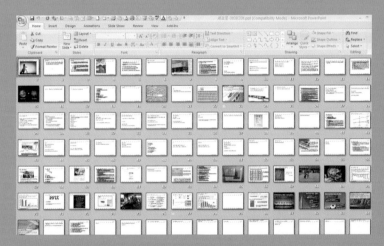

저는 새로운 생각이나 정보를 얻게 되면 한 슬라이드에 한 가지씩 메모를 합니다. 어느 정도 콘텐츠가 모이면 그 아이디어를 갖고 바로 강의 콘텐츠를 만들거나 글을 쓰는 것이 아닙니다. 제 아이디어는 그리 말랑말랑하지 못해서 한 가지 아이디어가 곧바로 좋은 '생각 선물'이 되기에는 부족하지요. 그래서 한 가지 과정을 더 거칩니다. 그 것은 아이디어 간의 '소개팅' 혹은 '다리놓기'라는 것입니다. 보시는

것처럼 슬라이드를 큰 화면에 쫙 펼쳐놓고 어떤 슬라이드에 있는 생각과 어떤 슬라이드에 있는 생각을 연결했을 때 또 다른 아이디어를 만들 수 있을까 고민합니다. 즉 서로 다른 영역이나 내용을 연결하고 융합시킴으로써 새로운 아이디어를 찾는 것이죠. 신기한 것은 혼자 있을 때는 초라하던 아이디어도 다른 아이디어와 함께하면 반짝반짝 빛날 때가 있습니다. 사람처럼 아이디어도 만나고 사랑해야 하나 봅니다. 외로우신가요? 여러분의 아이디어마저 외롭게 하지는 말아주세요.

아래 기사를 읽으며 제가 선물이 될 만한 생각을 찾는 방법이 그리 나쁘지는 않다는 희망을 얻었습니다. 잡스 형님도 '소개팅'을 열심히 주선하고 계시는군요.

"잡스 아이디어는 전혀 다른 분야서 나온다."
"애플의 성공 비결은 아주 간단하다. 스티브 잡스가 다른 기업가들과 다르게 생각하기 때문이다."

베스트셀러 『스티브 잡스 프레젠테이션의 비밀』의 작가이자 최근 신작 『스티브 잡스 혁신의 비밀』을 출간한 세계적 스피치 강사 카민 갤

로는 미국의 경제 전문지 포브스에 기고한 글에서 "잡스는 평생 동안 중요한 결정을 내리는 순간마다 독특한 접근법을 사용했다."고 소개했다.

갤로는 "뉴욕타임스 칼럼리스트인 토머스 프리드먼은 최근 미국이 부활하기 위한 비결은 더 많은 스티브 잡스를 갖는 것이라고 주장했다."면서 "그러나 더 많은 잡스를 얻기 위해서는 우선 잡스가 어떻게 생각하는지를 알아야 한다."고 밝혔다.

갤로는 애플 임직원들과 증권 애널리스트, 기업전문가들과의 인터뷰를 통해 잡스가 이용하는 테크닉들은 성공을 위해 노력하는 사람이면 누구나 배울 수 있다고 주장했다. 그는 "잡스와 친구 스티브 워즈니악이 고작 1000달러로 회사를 설립할 당시, 컴퓨터는 단순하고 쉬워야 한다는 잡스의 비전을 담아 '애플'이라는 이름을 도입한 것이 잡스의 대표적인 사고방식"이라며 "이는 컴퓨터기업의 이름이 첨단의 느낌을 담아야 한다는 일반적인 상식과는 다른 접근법"이라고 소개했다.

갤로는 이어 잡스의 중요한 아이디어 대부분은 전혀 어울리지 않는 곳에서 나왔다고 설명했다. 대학 시절의 서예 공부, 인도의 수행자 마을 아시람 방문, 메이시 백화점의 주방용품 코너 등에서 겪은 경험을 제품과 사업에 반영했다는 것이다.

하버드대 심리학자들은 6년간 기업 임원 3000명을 대상으로 조사해

혁신성의 첫 번째 기준으로 전혀 관련이 없는 것처럼 보이는 다른 분야의 문제와 아이디어를 성공적으로 연결하는 것을 밝혀낸 바 있다. 갤로는 "잡스는 이미 15년 전 기자들에게 '창조성이란 사물을 연결하는 것'이라고 말한 바 있다."면서 "잡스는 실제로 자신의 모든 생을 이와 같은 방식으로 살아왔다."고 강조했다. 잡스는 서예 공부를 통해 맥 컴퓨터의 아름다운 활자체를 만들 수 있었고, 메이시 백화점의 주방용품 코너에서는 '가정에서 사용하는 개인용 컴퓨터'라는 PC의 근본 개념을 가져왔다.

이 밖에 애플스토어를 처음 시작할 때 소비자들이 애플 제품을 다른 컴퓨터 제품과 다르게 보도록 하기 위해 대형마트 '타깃'의 론 존슨을 영입한 것도 독특한 사고로 언급됐다. 잡스와 존슨은 '현금 수납원' 대신 호텔의 안내원인 '컨시어지'를 도입해 애플의 브랜드를 고급화하는 데 성공할 수 있었다.

갤로는 "스티브 잡스만이 같은 상황을 다르게 볼 수 있는 것은 절대 아니다."고 단언했다. 쉽지는 않지만 자신을 새로운 경험에 노출시키고, 일상적으로 접할 수 있는 문제라도 다르게 생각하려는 노력을 계속한다면 인생과 사업에서 잡스가 될 수 있다는 것이 그의 조언이다.

박건형 기자

서울신문 2010. 10. 22

숫자가
스토리를 만나다

무엇처럼 보이시나요? 올림픽 효자 종목 중 하나인 사격의 과녁을 닮았습니다. 가운데 구멍으로 쏜다면 만점을 받을 수 있을 것만 같네요. 연필의 단면 같기도 하고요. 이것은 명함입니다. 명함에는 개인정보가 담겨 있어야 하는데 어딜 찾아봐도 전화번호 하나 보이지 않네요. 어떻게 하면 볼 수 있을까요? 힌트를 드리겠습니다. 이것은 어느 DJ의 명함입니다.

DJ는 레코드판을 자유자재로 움직이며 음악을 들려줍니다. 이 명함에서 동그란 레코드처럼 보이는 부분을 DJ처럼 이러저리 돌리면 이름, 연락처 등의 개인정보를 볼 수 있습니다. '내가 누구입니다'를 집약해서 보여주는 것이 명함의 역할이라면 이 명

함은 가장 충실하게 자신의 몫을 해내고 있는 것 같습니다. 받는 사람에게 재미까지 선물하면서요.

지금은 자기표현의 시대입니다. 그래서 스피치는 갈수록 중요해지고 있지요. 남들 앞에서 프리젠테이션을 해야 하는 경우도 많습니다. 이 DJ의 명함처럼 여러분의 생각이나 중요한 정보를 청중들에게 효과적으로 표현하는 방법에는 어떤 것이 있을까요? 저는 강의나 프리젠테이션을 할 때 숫자로 표현하고 스토리를 입히는 방법을 즐겨 사용합니다.

즉 숫자와 스토리가 만나게 하는 것이죠. 숫자는 보는 이에게 호기심을 불러일으킵니다. 무엇을 의미하는 숫자인지 궁금하기 때문이지요. 그래서 청중들은 적극적으로 강의에 집중하게 됩니다. 그 호기심을 스토리를 통해서 해결해주는 겁니다. 숫자는 기억하기도 좋습니다. 강의를 듣고 나면 뭔가 많은 것을 배운 것 같은데, 기억을 더듬어보면 잘 안 떠오르는 경우가 있습니다. 하지만 숫자는 많은 이야기들을 짧지만 명확하게 인지시키는 데 효과가 있습니다. 이번 챕터에서는 지긋지긋했던 수학시간에 늘 우리를 괴롭히던 숫자를 활용해서 생각을 선물하려 합니다. 제가 실제로 활용했던 사례들과 함께 선물을 풀어봅니다.

2010년 10월 9일 연세대학교에서 열린 한국상경학회 컨퍼런스에서 강의를 시작하며 제가 사용한 슬라이드와 내용입니다. 90은 어떻게 18,000이 될 수 있을까요?

90 = 18,000 (12.5 days)

"이렇게 강의에 참석해주셔서 감사합니다. 저는 오늘 90분 동안 트렌드, 분석력, 창의적 관점, 검색 등에 대해서 강의할 예정입니다. 오늘 컨퍼런스 홍보포스터에는 선착순 200명을 모집한다고 되어 있더군요. 만약 오늘 200명이 참석하셨다면 저는 90분 동안 참석자 200명의 90분이 모인 18,000분, 즉 12.5일을 책임져야 합니다. 강의를 준비하고 강의를 할 때 저는 늘 여러분의 소중한 시간이 절대로 헛되지 않게 하자는 다짐을 합니다. 단지 저의 90분을 쓰는 것이 아니라 여러분의 12.5일을 책임지고 있다는 생각으로 강의를 시작하겠습니다."

강의에 임하는 저의 태도가 어떤지 느껴지시나요? '오늘 강의에 최선을 다하겠습니다', '부족한 강의를 들으러 와주셔서 진심으로 감사드립니다', '열심히 준비했으니 90분 동안 경청 해주십시오', '여러분에게 도움이 되길 바라는 마음으로 시작합 니다'라는 진부한 표현보다 청중들의 마음속에 더 명확하게 닿을 수 있었던 것 같습니다. 강의를 들으신 분께서 강의가 끝나고 저 에게 오시더니 강의 시작부터 진심이 느껴져서 좋았다고 말씀해 주시더군요. 물론 과분한 칭찬이라 생각되어 '아닙니다'라며 말끝 을 흐렸습니다. 이 사례는 자신의 진심을 전달해야 하는 여러 가 지 상황에 활용될 수 있습니다. 청중의 수와 자신에게 주어진 강 의 시간에 따라 숫자는 살짝 바꾸면 될 겁니다.

2010-2008 > 2

다른 사례를 볼까요? 위의 수학식은 틀렸습니다. 2010에 서 2008을 빼면 2니까 '같다'를 의미하는 등호를 사용해야 맞습 니다. 강의에서 슬라이드에 쓰인 이 수학식을 보신 분은 '이상하 다'고 생각하실 겁니다. 그리고 '왜 김태원 씨는 이렇게 쉬운 수학 식을 저렇게 표현했을까?'라며 제 이야기에 귀를 쫑긋 세우실 겁 니다. 제가 무슨 이야기를 하고 싶어서 '2010-2008〉2'라고 표현 했을까요? 이번에도 힌트를 드려볼까요? 스마트폰이 가져온 우 리 삶의 변화들을 쉽게 공감할 수 있는 예시로 스토리텔링하기 위 해서입니다.

"2008년도에 쉰을 바라보는 어떤 아저씨가 있었습니다. 당시에는 중학교 다니는 딸에게 이모티콘이 가득한 문자만 보내도 딸 친구들 사이에서 신세대 아빠라는 이야기를 들었습니다. 가끔 자신의 얼굴을 셀카로 찍어서 멀티메일을 보내면 딸 친구들 사이에서 화젯거리가 되었지요. 2008년도에 그 아저씨는 문자만 잘 보내도 신세대 아빠가 되었습니다. 2010년에는 어떨까요? 주말에 등산을 떠나는 이 아저씨는 스마트폰부터 챙깁니다. 자신의 스마트폰에 '고도'를 알려주는 애플리케이션을 다운로드해서 실행한 후 등산을 시작합니다.

등산을 하면서 현재 고도가 어떻게 되는지, 얼마나 걸었는지, 시속은 어떻게 되는지 등을 체크하지요. 그리고 그 기록을 데이터로 저장하고 축적합니다. 2010년도의 이 아저씨는 2008년도의 그 아저씨라고 하기에는 너무나 다른 방식으로 핸드폰을 활용하고 있습니다. 제가 2010에서 2008을 뺀 것이 2가 아니라 2보다 크다고 표현한 것은 스마트폰으로 인해 발생한 지난 2년 동안의 변화가 그 어느 해에 발생했던 2년 동안의 변화보다 크기 때문입니다."

이런 이야기로 문을 연 후 여러 가지 데이터, 조사기관의 자료 등을 활용해서 실제로 스마트폰이 우리 삶에 어떤 영향을 주는지 강의하기 시작했습니다. 즉 호기심을 유발하고 스토리로 설명한 후 데이터로 증명하는 흐름이죠.

강의를 하다 보면 사람들 사이에서 벌어지는 일화나 습

관, 경험 등을 전할 때가 있습니다. 주로 '말'로 하는 경우가 많지요. 하지만 말은 자칫 지루해질 수 있습니다. 어떤 이야기를 시작하기 전에 이야기의 핵심을 숫자나 수학식으로 나타내면 사람들은 호기심을 갖고 이야기를 듣기 시작하지요. 그리고 그 호기심을 여러분의 이야기로 시원하게 해결해주면 됩니다.

$$10{,}416 + 747 = 11{,}163$$

제 삶을 수학식으로 표현했습니다. 보시면서 어떤 생각을 하셨나요? 우선 11,163이 뜻하는 것이 궁금하실 겁니다. 그리고 '두 숫자를 더해서 11,163을 표현하는 방법에는 여러 가지가 있을 텐데 왜 하필 10,416에 747을 더했을까?' 하는 궁금증도 슬금슬금 일어나기 시작할 겁니다. 그러면 당연히 10,416은 어떤 의미인지, 747은 어떤 의미인지에 대해서도 관심을 갖게 될 겁니다. 제가 더 노력하지 않아도 슬라이드에 써놓은 수학식이 청중들의 궁금증에 꼬리에 꼬리를 달아버립니다.

"오늘은 제가 태어난 지 11,163일이 되는 날입니다. 제가 살아온 11,163일은 제 곁에 아버지가 계셨던 10,416일과 더 이상 제 곁에 아버지가 계시지 않은 747일로 이루어져 있지요. 오늘은 제가 태어난지 11,163일이 되는 날이면서 아버지가 하늘나라로

가신 지 747일이 되는 날입니다. 아버지를 곁에 두고 살아갈 때와 그렇지 않을 때를 비교해보니 세상이 참 다르게 느껴졌습니다. 아버지와 함께했던 10,416일 동안 저는 참으로 아버지를 미워하면서 살았습니다. 바보같고 어리석은 아들이었지요. 하지만 아버지가 돌아가신 후 747일을 보내면서 지난 10,416일에는 깨닫지 못했던 '아버지'의 존재를 느끼고 살았습니다. 돌아가신 아버지께서 저에게 남겨주신 선물을 고백하려 합니다."

이렇게 말문을 열며 아버지를 미워했던 이유, 그렇게 미웠던 아버지께서 저에게 남겨주신 선물들에 대해서 이야기를 해 나갔습니다. 물론 여러분의 말랑말랑한 아이디어와 다양한 경험이 만나면 이 사례도 여러 가지로 활용이 가능합니다. 예를 들면 터닝포인트가 된 경험을 통해 자신의 인생이 어느 지점에서 극적으로 둘로 나뉘게 되었는지 말할 때 활용할 수 있겠군요. 그 터닝포인트가 자신의 인생에서 어느 위치쯤 되는지를 숫자를 활용해서 표현해보면 어떨까요?

숫자는 냉정하고 날카롭고 객관적입니다. 논란의 여지가 없지요. 수학시간에 만난 숫자는 우리를 꽤나 어지럽게 했습니다. 그 숫자를 어떻게 활용하느냐에 따라 숫자는 인생을 말하기도 하고, 여러분이 어떤 사람인지 효과적으로 전달해주기도 하며, 여러분이 말하려는 스토리에 호기심을 잔뜩 선물합니다.

0, 1, 2, 3, 4, 5, 6, 7, 8, 9

이 열 개의 숫자로 여러분의 생각을 선물하시기 바랍니다.

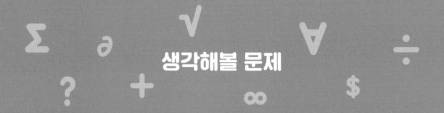

생각해볼 문제

연습문제 : 슬라이드에 아래 숫자를 써놓고 발표를 한다면 어떻게
스토리를 입힐 수 있을까요?

90210

미술,
생각을 만나다

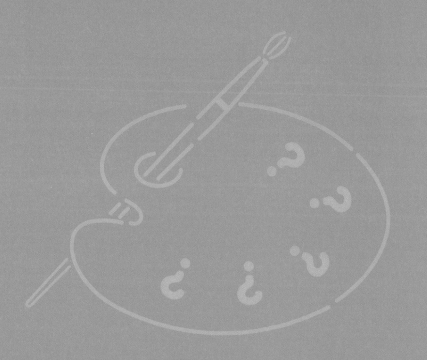

이 아이들은 지금
미술 공부를 하고 있는지도 모릅니다.

저는 축구를 좋아합니다. 감히 '광(狂)' 자를 붙여도 그리 민망하지는 않을 정도입니다. 골이 잘 나지 않아 어떤 사람은 지루하다고 하는 축구가 저는 그저 재미있기만 합니다. 쉴 새 없이 이어지는 패스나 선수들의 움직임에서 의미를 읽어내고 재미를 느낄 수 있기 때문이죠. 사랑하면 알게 되고, 알면 보이나니, 그때 보이는 것은 전과 같지 않다고 했나요? 그런데 저에게 미술은 축구 같지 않습니다. 미술에 대해 아는 것이 없으니 제대로 감상할 줄도 모르지요. 미술은 그저 자신이 느끼는 대로 자유롭게 즐기면 된다는 말을 핑계 삼아 살아왔습니다.

　　비가 부슬부슬 내리는 일요일 오후. 저는 강서구에 있는 88체육관으로 향했습니다. 전국에서 오신 미술학원 원장님 및 선생님들에게 강의를 하기 위해서죠. 그림만 보면 멀뚱멀뚱 눈만 깜빡일 뿐일 정도로 그림 보는 눈이 없는 제가 미술선생님들께 강의를 하러 가는 것입니다. 과연 저는 그분들께 어떤 생각을 선물할 수 있었을까요? 88체육관 바닥은 그림으로 가득했습니다. 학생들과 선생님들을 대상으로 그림 대회를 열었고, 출품작을 심사하고 있었던 겁니다. 사람들은 바닥에 놓인 그림들을 감상하고 있었지요. 그림은 난이도나 수준에 따라 Blue, Yellow 등 다양한 팻말 아래 구분되어 있었습니다. 사실 저는 그 팻말을 처음 봤을 때 작품성을 평가하는 것이 아니라 그림의 주제와 관련되어 있는 것이 아닐까라고 추측했습니다. 제 눈에는 모두 잘 그린 그림으로 보였기 때문이고, 더 솔직히 말씀드리면 저는 '더 나은' 그림을 구별할 수 있는 안목이 없었기 때문입니다. 한쪽에서 실랑이가 벌어지고 있었습니다. 미술선생님으로 보이는 두 분이 어떤 그림이 더 나은지를 놓고 설전을 벌이고 계셨죠. 저는 슬쩍 기웃거려봤습니다. 그리고 선생님들이 각자 어떤 관점에서 '좋은 그림'과 '더 좋은 그림'을 구별하는지 듣고 싶었습니다. 논쟁의 핵심은 '색깔의 조합'이더군요. 두 선생님은 설왕설래하셨지만, 엿듣고 있는 저에게는 훌륭한 '미술수업'이 되었습니다. 잠시 후 넓은 88체육관 한쪽 모퉁이에 미술선생님들이 모두 모였습니다. 강의를 시작할 시간이지요. 그 자리에 계신 분들도 미술과는 관련도 없어 보이고 어리기까지 한 제가 무슨 강의를 할 수 있을까 궁금하셨을 겁니다.

"저는 미술을 잘 모릅니다. 하지만 미술을 다르게 보고 있습니다. 제가 생각하는 미술은 그리는 사람의 생각, 관점, 상상력, 철학을 드러내는 다양한 방법 중 하나입니다. 그렇다면 그리는 기술뿐 아니라 그리기 전에 학생들이 치열하게 사고하고 자유롭게 상상하는 과정도 미술의 일부가 될 수 있겠군요. 훌륭한 책이라고 부르는 이유는 글자가 바르고 예뻐서가 아니라 그 글자 속에 담긴 저자의 생각이 훌륭하기 때문이겠지요. 작가에게 글자를 예쁘게 쓰는 법만을 가르친다면 우리가 좋은 작품을 만날 수 있을까요? 그래서 저도 그림으로 표현하기 전에 무엇을 해야 할까 고민했습니다. 저의 강의는 미술과 가장 멀리 있는 이야기인 듯하지만 가장 가까운 이야기가 될 수도 있습니다."

"만약에 대학입시에서 예전처럼 사물이나 화분을 가져다 놓고 똑같은 것을 누가 잘 표현했느냐로 점수를 매기는 것이 아니라 '교육'을 그림 주제로 제시했다면 학생들은 무엇을 그릴까요? 유형의 무엇이 아니라 무형의 어떤 것이 주제가 된다면 학생들은 어떻게 준비해야 할까요? 저는 교육이라는 주제에 입양에 대한 그림을 그리는 학생을 만나고 싶습니다."

그리고 입양 광고를 청중에게 보여드렸습니다. 입양을 통해 성장한 아이가 키워주신 어머니를 꼭 안고 있는 모습을 표현하는 사진입니다. 그곳에는 아래와 같이 써 있습니다.

Adopt. You will receive more than you can ever give.
입양. 당신이 줄 수 있는 어떤 것보다 더 많이 받게 될 것입니다.

교육도 입양과 마찬가지라고 생각합니다. 교육을 백년지대계百年之大計라고 하는 것은, 선생님이 존경받고 보람 있는 직업이 되는 이유는 주는 것보다 받는 것이 훨씬 많기 때문이지요. 교육이라는 주제가 입양까지 이어지기 위해서는 여러 단계의 사고과정이 필요합니다.

① 교육은 '주는 것보다 받는 것이 많은 일'이라는 관점에서 시작해서,
② 과연 세상에 '주는 것보다 받는 것이 많은 일'은 어떤 것들이 있을까?'를 고민하게 되겠지요.
③ 그리고 그 사고가 '입양'까지 이르게 되면 이제는 '입양'을 어떻게 표현하는 것이 '주는 것보다 받는 것이 많은 것'이라는 메시지를 창의적으로 전달할 수 있을지 고민해야 합니다.

저는 이것도 미술교육이라고 생각합니다. 그리는 사람의 상상력과 철학이 없는 그림은 마치 영혼이 없는 육체나 다를 바가 없겠지요. 그런데 '입시'라는 문 앞에서 우리는 영혼을 애써 외면합니다. 대학이 학생들의 '사고, 상상력, 관점, 철학'보다 '기교'에 더 많은 관심을 갖는다면 쉽게 바뀔 수 없는 상황이겠지요.

이른 아침에 이슬이 맺힌 가시나무가 있는 아침 풍경을 그려야 한다고 가정해봅시다. 어떻게 그릴 수 있을까요? 여러분이 심사위원이라면 어떤 그림에 높은 점수를 주겠습니까? 우선 시 한 편을 읽어볼까요? 이덕규 시인의 〈자결〉이라는 시입니다.

이른 아침이었습니다
뒷산을 오르다가
밤새 가만히 서 있었을
가시나무 가시에
이슬 한 방울이
맺혀 있는 것을 보았습니다 밤새

아무 생각 없이 잠만 쿨쿨 잤을,
아직도 잠이 덜 깬
그 가시나무 가시에
맑고 투명한
이슬 한 방울이 매달린 채
바르르 떨고 있었습니다

시인은 이슬을 중심으로 현상을 바라봤습니다. 『시에서
아이디어를 얻다』의 저자이신 황인원 님은 가시나무의 관점에서
상황을 묘사합니다. 그리고 현상을 어떤 관점으로 관찰하느냐가
어떻게 다른 결과를 보여주는지 아름답게 설명해주시지요.

이른 아침이었습니다
뒷산을 오르다가
밤새 몸 한번 움직이지 못한
가시나무 가시에
이슬 한 방울이
맺혀 있는 것을 보았습니다
밤새 가시에 바르르 떨며 매달려 있던
맑고 투명한 이슬 한 방울 떨어질까봐
숨조차 쉬지 못하고
몸만 시커멓게 변하고 있었습니다.

‘이른 아침 이슬이 맺힌 가시나무가 있는 아침 풍경’을 그려야 한다면 대부분의 학생은 그 풍경을 보는 사람의 시선으로 그림을 그릴 겁니다. 하지만 이 시를 읽어보면 그 상황을 가시나무의 관점에서 혹은 가시에 맺혀 있는 이슬의 관점에서도 그릴 수 있습니다. 전혀 다른 구도로 그림을 그려야 할 것이고, 우리는 새로운 시선으로 바라본 풍경이 담긴 그림을 만나게 되겠지요. 그림 그리는 스킬이 중요하다면 그것은 똑같이 그리는 것에 목적이 있는 것이 아니라 메시지를 효과적으로 전달하는 데 목적이 있다고 생각합니다. 이 상황에서는 떨어질까봐 바르르 떠는 이슬, 숨조차 쉬지 못하고 몸만 시커멓게 변하는 가시를 실감나게 표현할 때 기교가 필요한 것이죠.

　시도 미술도 상상력이 중요합니다. 하지만 시인이 미술 수업을 하지는 않습니다. ‘그림이란 무엇인가? 미술이란 무엇인가? 좋은 그림과 훌륭한 화가란 무엇인가? 좋은 그림을 그리고 훌륭한 화가가 되기 위해서 무엇이 필요한가?’ 등 ‘입시’나 ‘기교’의 관점이 아닌 좀 더 근본적인 물음들을 던지기 시작하면 결국 미술과 시는 다른 영역이 아닐 수 있습니다. 각자의 길을 가기보다는 함께 걸어가는 운명이겠지요. 곰곰이 생각해보면 시와 미술은 만난 적이 있었지요. 바로 시화詩畫입니다.

레고 광고입니다. 무엇을 표현한 것일까요? 바로 바다에 있는 잠수함을 표현했습니다. 잠수함의 잠망경을 표현하기 위해 블럭은 단지 '한 개'만 필요했습니다. 왼쪽 아래에 있는 레고 브랜드 옆에는 이렇게 쓰여 있습니다.

'Imagine' 상상하라

레고 블럭으로 멋진 작품을 만들기 위해서는 블럭이 다양하게 많이 있어야 한다고 생각했던 어린 시절이 있었습니다. 저는 '양'의 문제만 해결되면 '질'의 문제도 해결될 것이라는 순진한 생각을 하던 아이였죠. 어른이 되어 이 광고를 보고는 또다시 머리가 벽에 '쿵' 부딪히는 느낌을 받습니다. '결핍'은 상상력의 원천이 될 수 있습니다. 필요가 발명을 낳는다는 말도 결국 결핍이 인간의 상상력을 자극하고 있다는 말이겠죠.

미술에 대한 열정을 숨기지 못하고 뒤늦게 미대 진학을 준비하는 한 동생이 있었습니다. 넉넉하지 않은 형편에 미대 진학은 그 준비 과정부터가 '결핍'의 연속이었습니다. 붓과 물감은 왜 이렇게나 비싼지, 그동안 모아놓은 돈이 바닥나기 시작했습니다. '부모님께 손 벌리기는 정말 싫은데……'라는 혼잣말을 부쩍 자주 되뇌입니다.

미술이 재료의 문제가 되어버리면 어려운 형편에 있는 친구들의 출발선은 자꾸 뒤로 가게 됩니다. 실제로 음악과 미술은 돈이 많이 들기로 유명한 분야들이죠. 하지만 미술이 상상력의 문제가 된다면 '결핍'은 기회가 될 수도 있을 겁니다. 그래서 레고 광고를 보면 그 동생이 생각납니다

미술을 하기 위한 재료가 부족하다면 우리는 주변 현상이나 물건 등을 활용할 수 있습니다. 햇빛과 벽을 활용해서 멋진 작품이 완성되었군요. 만약 어떤 대학이 미술입시에서 준비해 온 재료를 모두 가방에 넣고 최소한의 재료와 주변 환경을 활용해서 작품을 만들라는 과제를 낸다면 어떤 일이 벌어질까요? 아마 그 대학에 입학하길 원하는 학생들은 고등학교 내내 교실이나 학원에만 있지 않고 주변을 돌아보게 될 겁니다. 나무를 보고, 잡초를 살피고, 건물을 새롭게 바라보고, 바람을 느끼고, 사람을 보게 될 겁니다. 주변 현상에 더 많은 관심을 가지게 될 것이고, 새로운 시선은 새로운 생각과 상상력으로 이어지겠지요.

　다시 컨버전스를 생각합니다. 미술은 시와 만나야 하고 사회와 만나야 하지요. 정교한 숫자로 가득한 수학도 만나야 합니다. 미술은 수많은 자극과 현상과 지식이 그리는 사람의 상상 속에서 서로 만나고 엉키고 다시 태어나는 과정이기 때문입니다. 그런데 미대진학을 꿈꾸는 학생들은 너무나 오랜 시간 교실과 학원에 갇혀 있습니다. 다른 영역과의 만남에는 너무도 인색하지요. 입시준비 때문에 시간이 없다고 말할 겁니다. 우리나라의 입시제도 상황에서 시집을 읽는 미대 지망생, 새로운 관점을 갖기 위해 여행을 떠나는 미대 지망생, 수학과 과학에 빠져 있는 미대 지망생을 만나고 싶다면 너무 큰 욕심일까요?

　조광래 감독이 2010년 국가대표 축구팀의 감독이 되고 취임 직후부터 강조해 온 것이 바로 '생각하는 축구'입니다. 현대 축구에서는 그저 열심히 뛴다고 되는 것이 아니라 생각을 하면서 창의적인 플레이를 해야만 경쟁력이 있다는 거겠죠. 저도 그저 잘 그리는 사람이 아니라 '생각하는 미술'을 하는 학생들을 만나고 싶습니다. 그런 학생들이 될 수 있도록 가르쳐달라고 말씀드리고 싶어서 그 강연 자리에 섰던 겁니다. 그리고 학생들의 사고력, 창의력, 관점 등을 자극하고 계발하기 위해서 미술교육은 어떻게 해야 하는지에 대해 저의 생각을 선물했습니다.

생각해볼 문제

사람들의 삶을 바꾸는 제품을 만드는 IT 관련 회사에서 일하고 싶은 어떤 학생이 대학교 진학을 앞두고 인류학 전공을 택하겠다고 말한다면 선생님이나 부모님은 가만있지 않을 겁니다. 말도 안 되는 이야기라며 혼쭐이 나겠지요. 여러분은 어떻게 하시겠습니까? 세계 최고의 IT 기업 중 하나인 인텔Intel은 인류학자를 고용했습니다. IT에서 가장 먼 곳에 있는 직업이 IT 업계에서 가장 앞에 있는 회사에서 일하고 있는 셈이죠. 이 사실을 진학지도 선생님은 알고 계실까요? 그렇다면 미술을 전공하는 학생은 어떤 회사에 취업하면 좋을까요? 어떤 회사가 미술을 전공한 사람을 뽑으면 새로운 아이디어를 얻을 수 있을까요? 여러분의 생각 중에 디자인 관련 회사나 부서는 고려 대상에서 빼주세요.

당신은 홀딱
벗을 수 있습니까?

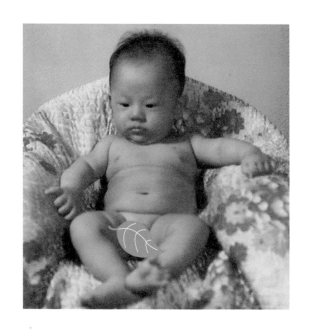

어릴 때는 벗겨졌고, 지금은 스스로 벗고 있습니다.

"태원이는 반만 벗은 것 같아. 앞으로 홀딱 벗으면 대한민국 최고의 강사가 될 수 있을 거야."

〈MBC 희망특강 파랑새〉 종방 기념 파티에서 프로그램을 총괄하셨던 MBC 부장님께서 해주신 조언이었습니다. 설마 홀딱 벗은 채로 강의하라는 말씀은 아니겠죠? 무슨 말인지 이해하기가 어려우시죠? 19금 이야기도 아닌데 반만 벗느니, 홀딱 벗느니 하는 표현이 나옵니다. 하지만 그 표현은 제가 강의를 할 때마다 가슴속에 품고 있는 말이 되었습니다. 왜 그럴까요?

지금까지 살아오면서 말도 안 될 만큼 감사한 기회를 꼽으라면 그중 하나는 〈MBC 희망특강 파랑새〉에서 희망강사로 강의했던 일이라고 할 수 있습니다. 〈MBC 희망특강 파랑새〉는 반기문 유엔사무총장, 박지성 선수, 이외수 작가님, 한과 명인 김규흔 님 등 각 분야에서 일가를 이룬 '희망도우미'들의 삶에서 우리가 얻을 수 있는 '희망의 비밀'은 어떤 것인지에 대해 다양한 관점으로 강의하는 프로그램이었습니다. 어리고 부족한 제가 대한민국을 대표하는 방송에서 '강의'를 할 수 있다는 것이 저에게도 시청자에게도 새로운 일이었습니다. 보통 강의라고 하면 연륜이 있고, 사회적 지위도 있는 분들의 영역이었기 때문입니다. 제 나이 때의 사람은 방청객 자리에서 고개를 끄덕이며 강사분들의 이야기에 집중하는 모습이 어울리지요. 약 1년 동안 방송에서 강의를 하면서 참 많은 것을 배웠습니다. PD, 카메라 감독, 작가 등 방송 전문가분들께서 해주시는 조언은 시선처리, 목소리 톤, 고개를 돌리는 방향에 이르기까지 제가 평소에 놓치고 있던 부분에 관심을 갖게 해주었습니다. 〈MBC 희망특강 파랑새〉에서 함께 강의하는 분들은 대한민국 강연계의 국가대표들입니다. 그분들이 이야기를 풀어나가는 방법, 공감을 이끌어내는 방법 등 어깨너머로 배운 것만 해도 많았습니다. 1년 동안의 방송이 종영되고 파티를 하던 날. 저의 발전을 위해 잘한 점과 개선할 점 등에 대해서 방송 관계자분들과 다른 희망강사님들이 여러 가지 조언을 해주셨습니다. 평소 말씀이 별로 없으시던 MBC 부장님께서 저에게 해주신 조언이 바로 "앞으로는 반만 벗지 말고 홀딱 벗어라."였죠.

　　강의를 하다 보면 강의를 듣고 계신 분들께 좀 더 멋지게 보이고 싶은 유혹이 있습니다. 방송은 그 유혹이 더 하지요. 그러다 보면 진짜 나의 모습이 아닌, 나를 좀 더 멋지게 보일 수 있도록 해주는 '의상'을 입고 싶은 유혹이 생깁니다. 강의 콘텐츠 속에는 '진짜 나'는 별로 없고 화려한 수사만 난무하게 됩니다. MBC 부장님의 조언은 앞으로 제가 하는 강의 속에 '진짜 나'가 좀 더 담길 수 있는 꾸밈 없고 진솔한 강의를 하라는 말씀이었습니다. 젊은이답게 최대한 저의 진짜 모습을 솔직하게, 그리고 진솔하게 담은 강의를 하려고 노력했지만 저의 진짜 모습을 가리고 있는 옷을 완전히 벗지는 못했나 봅니다. 강의를 듣다 보면 자격증이나 학위, 혹은 사회적인 지위에 의존해서 강의하는 사람들을 많이 봅니다. 의존하는 마음으로는 그 어떤 성공도 이룰 수 없듯 강의도 마찬가지입니다. 강의하는 사람의 지위나, 학위 자체가 사람들을 감동시키지는 못합니다.

"어떻게 하면 강의나 발표를 잘할 수 있을까요? 저는 남들 앞에 서기만 하면 떨려서 눈앞이 깜깜해집니다."

제 강의에 오신 분들이 주로 하시는 질문 중에 하나입니다. 이 질문에 저는 주로 이렇게 대답했습니다.

"강의 준비를 열심히 해서 자신이 준비한 강의 콘텐츠에 자신감이 있어야 합니다. 하지만 콘텐츠만 좋다고 강의를 잘할 수 있는 것은 아닙니다. 그래서 저는 대화를 한다는 마음으로 강의합니다. 강의를 한다고 생각하면 떨리지만 대화를 한다고 생각하면 마음이 편해지더라고요. 저는 제 앞에 계신 분들을 강의를 해야 할 대상이 아니라 대화 상대라고 생각합니다."

이제는 대답이 조금 달라졌습니다.

"청중들 앞에서 발가벗을 수 있어야 한다고 생각합니다. 앞에서 강의하는 사람이 꾸밈없이 진실되게 자신의 생각을 담아서 강의를 마치면 청중들이 저에게 어울리는 옷을 입혀주신다고 생각합니다. 즉, 옷을 벗은 채 강의를 하고 나면 청중이 당신에게 어울리는 옷을 선물합니다. 누구나 다른 사람 앞에서 멋있게 보이고 싶습니다. 그래서 멋진 옷을 입고 싶죠. 하지만 적어도 강의를 한다면 어떤 옷을 입고 싶은가가 중요한 것이 아니라, 당신이 어떤 사람인가, 당신은 어떤 생각을 하고 있는가가 중요합니다. 나의 힘이란 내가 갖고 있는 것이 아니라 다른 사람이 내가 갖고 있다고 생각하는 것이 나의 진짜 힘인 것과 마찬가지입니다."

만약에 제가 아무리 겸손한 사람이라고 강조해도 청중들이 그렇게 느끼지 않았다면 저는 그저 제 생각 안에서만 겸손한 사람입니다. 겸손하지 않으면서 겸손해 보이는 옷을 입고 싶었을 뿐이겠지요.

지하철에서 만난 나이가 지긋하신 어느 아주머니가 생각납니다. 출구로 나가려는 저에게 슬쩍 말을 거셨습니다.

"혹시 〈MBC 희망특강 파랑새〉에서 강의하는 분 아니세요?"

아주머니들의 눈썰미는 무섭습니다. 시장에서 싱싱하면서도 값싼 콩나물을 고르고 생선의 눈만 보고도 신선도를 판단해내는 단련된 눈썰미는 언제나 어김없습니다. 저는 아주머니들을 뵈면 마치 제 어머니 같아서 더 반갑게 인사드립니다. 마침 가는 방향이 같아서 10분이 넘게 함께 걸으면서 이런저런 이야기를 나눴습니다.

"젊은이가 강의하는 것을 보면서 나이 먹은 나도 참 많이 배웠어요. 특히 강의 중에 돌아가신 아버지 이야기를 했을 때 나도 하늘나라로 간 남편 생각이 나서 많이 울었지. 감추고 싶은 사연일 수도 있을 텐데 용기 내서 솔직하게 강의하는 모습 보면서 나도 용기 내서 열심히 살아야겠다는 생각이 들더군요. 이건 강의료입니다."

이렇게 말씀하시며 손에 들고 계셨던 김 한 박스를 저에게 건네셨습니다. 괜찮다고 몇 번이나 사양했지만 소용이 없었습니다. 잘 먹겠다는 감사 인사를 드리고 혼자 어두운 골목길을 걸어가면서 생각했습니다.

'내가 더 많이 발가벗어야 했었구나. 아픈 사연, 부끄러운 기억을 감추려고, 화려한 옷을 입으려고 하면 안 되겠구나.'

그래서 저는 이 김이 홀딱 벗은 저에게 시청자님이 입혀주신 옷이라고 생각합니다. 죽을병에 걸린 남편의 병수발을 하시면서 아들둘을 키워내셨다는 아주머니. 길 위에서 만난 '희망도우미'였습니다. 그래서 아주머니께서 주신 김은 '시련을 잘 이겨내며 더 열심히 살아나가라'는 인생 선배님의 격려이기도 합니다.

강의를 잘하고 싶습니까? 다른 사람들에게 감동과 희망을 주고 싶습니까? 그 질문에 대한 저의 답변을 질문으로 대신합니다.

당신은 정말 홀딱 벗을 수 있습니까?

생각해볼 문제

우유를 마실 때 유통기한을 확인하던 소비자들이 이제는 언제 생산됐는지를 보여주는 제조일자를 확인합니다. 2009년 서울우유는 제조일자 표기제 도입 뒤 하루 평균 판매량이 1000만개를 돌파해 전년도 하루 평균인 800만개를 15% 가까이 웃도는 성과를 거두었습니다. 우유가 홀딱 벗고 자신의 생일을 공개한 결과입니다. 와인은 이동거리와 시간이 짧을수록 좋습니다. 세계적인 와인 경매 현장에서 와인의 이동 이력은 매우 중요한 평가기준이라고 하네요. 그래서 최근 들어 'Reefer', 혹은 '항공 운송'이라 적힌 스티커를 붙인 와인이 보이기 시작했습니다. 냉장 컨테이너나 비행기를 이용해 수입한 와인이라는 뜻입니다. 와인 운송에 관한 정보를 적극적으로 '홀딱 벗고' 알리기 시작한 것이죠. 신의 눈물로 불리며 여러 가지 스토리라는 옷을 입었던 와인이 조금씩 다른 경쟁력으로 승부를 시작하는 것 같아 소비자의 입장에서는 반갑기만 합니다. 하지만 여전히 세상에는 먹을 것을 가지고 장난치는 사람들이 있습니다. 특히 우리나라는 돌방망이로 후려쳐도 모자랄 '먹을 것'과 관련된 사건에 솜방망이 처벌만 난무해서 언론과 국민은 분통을 터뜨립니다. 이런 분들은 더 이상 업계에서 사업을 할 수 없도록 '옷을 홀딱 벗겨야' 합니다. 이 글을 마치는데 갑자기 세상이 두 가지로 보이기 시작합니다. 홀딱 벗은 것과 홀딱 벗겨야 할 것.
여러분의 경쟁력을 위해, 회사의 경쟁력을 위해 지금 바로 홀딱 벗어야 할 것은 무엇인가요?

24=8+16

EVERY PLASTIC BOTTLE YOU
RECYCLE SAVES ENOUGH ENERGY TO
POWER A LIGHT BULB FOR 6 HOURS

recycle
westernriverside.org.uk

www.westernriverside.org.uk

전구의 겉면은 유리가 아니라 무심코 버린 빈 플라스틱 물병입니다. 우리가 플라스틱 병 하나를 재활용할 때마다 저 전구를 6시간 동안이나 밝힐 수 있다고 합니다. 어림잡아 하루에 물을 한 통만 먹는다고 계산해도 지난 1년 동안 제가 버린 플라스틱 물병을 모으면 저 전구를 91.25일 동안이나 밝힐 수 있습니다. '(365일×1개의 물병×6시간)/24시간=91.25일'로 계산하면 되겠지요. 1년만 계산했을 때가 이만큼이니 여기에 여러분의 나이를 곱하면 정말 엄청난 시간 동안 전구를 밝힐 수 있겠네요.

아쉽지만 시간은 재활용이 안 됩니다. 떠나가는 연인이라면 가지 말라고 설득도 하고, 붙잡고 애원도 해봤을 텐데 시간은 그런 기회를 주지 않습니다. 낱말에도 온도가 있다면 '시간'은 '이별'이라는 말과 1등을 다툴 정도로 차갑습니다. 냉정하게 뒤도 돌아보지 않습니다. 올해도 어김없이 시간은 재활용이 안 된다는 것을, 붙잡아도 소용없다는 것을 알려줍니다. 저는 11월이 가장 냉정한 달이라고 생각합니다. 정신 차리고 달력을 보면 이제 겨우 한 달밖에 남지 않았다는 슬픈 신호를 보내주지요. 11월에는 수능 시험이 있고, 하반기 신입사원 공채가 거의 다 마무리됩니다. 11월에 길을 걷다 마주치는 학생들과 취업 준비생들은 날카롭게 구분된 행복과 불행의 서로 다른 세상 속에서 살고 있지요. 외면할 수 없는 우리 가족, 친구, 자녀, 후배들의 이야기입니다. 그래서 마음에도 온도계가 있다면 11월이 가장 추울 것 같습니다.

약대에 다니고 있는 한 후배가 찾아왔습니다. 이제 3학년인 이 후배 녀석의 마음은 마치 11월 같습니다. 진로에 대한 고민 때문에 많이 혼란스럽기 때문이죠. 요즘처럼 취업난이 심각한 시대에 상대적으로 전문적이고 안정적인 직업을 가질 수 있는 약대생이 진로 때문에 고민한다는 이야기를 들으니 살짝 미워지려고 하시죠? 봄 햇살 같은 따뜻한 마음으로 한번 들어주시기 바랍니다. 녀석의 고민을 요약하면 바로 아래와 같습니다.

3=0

보통 약대를 졸업하면 크게 세 가지 진로가 있다고 합니다. 병원 약국에 취업하는 것, 개업하거나 일반 약국에서 일하는 것, 제약회사에서 일하는 것. 열심히 공부하고 있는 후배는 이 셋 중에 하고 싶은 것이 하나도 없다는 것이 고민입니다. 그래서 3=0 이지요. 이런 이유로 요즘은 공부하는 것이 재미없답니다. 열심히 공부해도 자신의 미래가 행복해질 수 있을 거라는 생각이 들지 않으니 펜이 손에 잡힐 리가 없겠지요. 어쩌면 좋을까요? 선배에게 조언을 구하고자 대구에서 서울까지 찾아온 후배의 마음을 '11월'로 남겨둘 수가 없었습니다. 그래서 물었죠.

"나중에 졸업하고 일을 시작하면, 퇴근 후에는 무엇을 하고 싶어?"

"……" 후배는 아무 말이 없었습니다.

"우리의 행복은 일하는 8시간이 아니라, 일하는 시간과 그렇지 않은 시간을 합한 24시간으로 결정된다고 생각해. 그렇다면 행복은 16시간을 어떻게 보내느냐에 달려 있을지도 모르지. 네가 만약에 약사가 된다면 일반 회사에 다니는 사람보다 상대적으로 너만의 시간이 많을 거야. 대학병원 약국에서 일하는 사람의 이야기를 들어보니 보통 8시간만 일하면 된다고 하더라고. 그럼 넌 나머지 16시간을 어떻게 행복하게 보낼 수 있을까를 준비하는 것이 좋을 것 같아. 만약 네가 약사로 일하는 8시간이 아주 행복하지 않더라도, 나머지 16시간을 행복하게 보낸다면 인생이 즐겁지 않을까? 그리고 '나만의 16시간'을 자유롭게 보낼 수 있게 해준 것도 결국은 네가 약사라는 사실 때문이니까, 네가 16시간을 잘 즐기면 오히려 약사가 되길 잘했다는 생각이 들지 않겠니? 시너지가 발생하는 것과 같지. 내가 그랬잖아. 최선의 선택은 선택 그 자체가 아니라, 자신이 한 선택을 최선으로 만드는 것이라고. 물론 네가 약사 말고 더 좋아하는 일이 있다면 그 일을 찾아나서면 되지만, 16시간을 어떻게 행복하게 보낼지에 대한 계획만 잘 세운다면 난 약사가 되는 것은 나쁘지 않은 선택이라고 생각해. 지금까지 공부도 열심히 했잖아. 8시간만을 놓고 미래의 행복을 결정하는 것이 아니라 나머지 16시간도 중요하다는 사실을 잊지 않았으면 해."

오늘도 밥벌이의 지겨움을 해결하기 위해서 출근하셨겠지요. '자신이 좋아하는 일을 하라'는 말은 갑갑한 현실과는 너무나 거리가 먼 '아득한 섬'처럼 보일지도 모릅니다. 하루하루 살기도 바쁜데 '내가 좋아하는 일 타령'은 사치라는 생각도 들겠지요. 그러면서도 후배들에게는 '자신이 좋아하는 일을 해야 한다'고 조언하는 자신이 참 미울 때도 많으셨을 겁니다. 취미가 뭐냐는 질문에 딱히 취미랄 것이 없어서 "그냥 뭐 남들처럼 그렇지…"라는 대답을 가장 많이 들었지요. '그렇지…'라는 말에는 일하기도 바쁜데 어떻게 취미활동 챙기면서 사회생활을 하느냐는 안타까움도 포함되어 있었을 겁니다. 생각해보니 우리네 행복은 직장에서 일하는 8시간에(물론 더 많은 시간을 일하시겠지만, 직장에서 보내는 시간을 8시간이라는 말로 대신 짧게 표현하겠습니다) 너무나 많은 영향을 받는 것 같습니다. 대학생활도 늘 졸업 후 '8시간'을 어떻게 보내야 하는지에 대한 문제에만 초점을 맞춰서 살아왔습니다. 하루는 24시간인데 그중 33%만을 고민하는 삶이죠. 나머지 16시간에 대한 준비는 소홀합니다.

$$24=8+16$$

하지만 저는 우리네 삶은 '초등학교-중학교-고등학교-대학교-직장생활'이라는 1차선이 아니라고 생각합니다. 정해진 하나의 트랙에서 모두가 같은 방향으로 달려야 하는 육상선수는 더더욱 아니지요. 저는 지금 다니고 있는 회사를 진심으로 좋아하고, 여기서 하는 일도 무척 마음에 듭니다. 하지만 만약에 제가 칼럼이나 책을 쓰고, 강연을 하는 등의 삶이 없이 오직 회사만 다니는 1차선의 삶을 살고 있다면 저는 지금처럼 행복하지 않았을 거라고 생각합니다. 회사에서 힘든 일이 있으면 제가 좋아하는 글쓰기나 강연 등을 하면서 다시 에너지를 얻고, 글이 잘 안 써지거나 강연 콘텐츠가 필요할 때는 회사에서 일하면서 얻게 된 경험이 좋은 소스가 되기도 합니다. 2차선, 3차선, 4차선으로 넓혀 나갈 때 삶은 더 풍성하고 행복해질 수 있습니다. 결국 저의 행복은 8시간이 정하는 것이 아니라 24시간이 정하는 것이지요. 그래서 대학생들에게 단지 취업만을 준비하는 것이 아니라, 대학 이후의 삶을 어떻게 여러 차선으로 만들 것인지에 대한 계획을 세우라고 말합니다. 삶을 풍성하게 하려는 노력을 하라는 말과 같습니다. 이는 마치 안정적인 투자와 비슷합니다. 안정적인 투자를 위해서는 분산투자를 통해 포트폴리오를 다양하게 가져가야 하듯, 행복한 삶을 안정적으로 누리기 위해서는 우리의 미래도 다양한 포트폴리오로 구성하려는 노력이 필요합니다. '8'이 행복하지 않아 '16'은 더 불행하게 느껴지는 삶보다는 '16'이 행복해서 '8'이 덜 불행한 편이 나을 테니까요.

어떤 사람은 '8'이라는 1차선만을 열심히 달려서 남들보다 먼저 결승점에 도착한 후에 여가를 즐기고, 삶을 풍성하게 해도 늦지 않다고 말합니다. 함께할 수 있음에도 언젠가를 기약하는 슬픈 현실. 아래 글이 작은 용기가 되길 바랍니다.

5일과 여가, 그리고 삶…

Itimes 백범진 부장

미국에서 살고 계시는 우리 한인분들이 이러한 생활을 끝내는 시기는 자녀들의 대학 진학이나 결혼의 시기와 발을 맞추고 있다. 이러한 자녀들의 교육과 양육 문제가 해결될 때에 즈음하여 개인의 여가 생활과 사회적 활동의 범위를 넓혀 나가는 것을 생각하게 된다는 것이다. 한마디로 '자녀 교육과 양육을 위해 헌신한 시간들에 대한 약간의 보상으로나마 남은 인생을 재미있게 살아보자'라는 의미일 것이다.

그러나 이때는 이미 왕성한 여가활동을 하기에는 조금 늦은 시기라고 보아도 좋을 것이다. 우리들이 잘 알다시피 인간의 신체는 지속적으로 일정한 활동을 하지 않으면 그 기능이 현저히 저하되어 신체 활동을 재개할 때에는 그에 상응하는 몇 배의 시간과 에너지를 소모하기 때문이다.

늦깎이 여가활동은 신체적인 것 이외에 정신적인 측면에서도 매우 부정적으로 작용할 수 있다. 그것은 당신들의 삶 자체를 '희생'이라는 단어에 초점을 둔 나머지 개인적인 여가활동으로 인한 '행복 추구'라는 기쁨을 누릴 수 없었기 때문에 지나온 삶 자체를 부정적으로 인식하는 오류를 범할 수 있기 때문이다. 희생을 통한 행복이 소중한 만큼 자신이 하고자 하는 것에서 삶의 기쁨과 행복을 찾는 것도 매우 중요한 것이다.

이와 관련해서 이곳 미국의 한인사회에서도 새로운 변화가 일어나고 있다. 일하는 시간을 제외한 나머지 시간을 자신들의 즐거운 여가활동을 위해 사용하고자 하는 움직임이 나타나고 있는 것이다. 가족들이나 개인, 또는 직장 단위의 스포츠 활동이나 여가선용의 제반 활동들의 참여가 점차로 증가하는 현상들을 볼 수 있었고, 또한 겨울 스포츠인 스키나 눈썰매를 즐기거나, 따뜻한 플로리다나 하와이 등지의 해변으로 휴가를 떠남으로써 재충전의 시간을 가지고, 주말을 이용하여 등산이나 수영 등의 생활체육을 즐기는 사람들의 숫자가 놀랄 만큼 증가하고 있는 것이다. 여가활동을 '가진 자와 못 가진 자'와의 사회적 격차를 두고 해석하는 입장보다는 누구나 행복과 건강을 누릴 권리의 행사라는 측면에서 보고 있다는 것이다.

더 많은 부를 축적하고, 명예를 얻고, 자녀의 성공 뒤에 오는 당신의 지난 삶은 무엇으로 채울 것인가? 우리 모두의 행복은 그리 멀리 있지만은 않다.

프랑스의 어느 바게트 빵집은 하루에 꼭 8시간만 문을 연다고 합니다. 정확히 문을 열고, 또 정확히 문을 닫지요. 그 빵집은 꽤나 인기가 있어서 손님들은 늘 조금 더 늦게 문을 닫으면 안 되겠냐고, 그러면 빵을 더 많이 팔 수 있지 않겠냐고 요청을 해온다고 합니다. 그때마다 제빵사인 주인은 이렇게 대답합니다.

행복한 제빵사가 맛있는 빵을 만듭니다. 저는 문을 닫고 저만의 시간을 가지면서 행복을 느끼거든요.

행복하신가요? 정신없이 시간은 흘러 또다시 11월을 마주하게 될겁니다. 11월은 마치 오후 3시처럼 새롭게 무엇을 시작하기도 그렇고, 그냥 흘려보내기도 그런 애매한 달입니다. 그렇게 우물쭈물 망설이다가 한 해를 마무리합니다. 그럴 때마다 인간과 동물의 차이는 '이성'이 아니라 '망설임'일지도 모른다는 생각을 해봤습니다. 동물은 달려듭니다. 사람은 참 많이도 망설이지요. 사람은 머리가 너무 좋아서 기회비용을 계산하느라 이렇게 소중한 시간이 흘러가는 줄 모르는 경우도 많습니다. 도착하기 위해서 걸었던 것은 아닌데, 빨리 걸으려다가 정작 주변의 아름다운 풍경을 놓친 여행객이 되지는 않았는지 모르겠네요. 인생은 경주가 아니라 여행이랍니다. 잠시 회사 밖에서의 삶을 어떻게 더 행복하게 영위할 수 있을지 고민해보셨으면 좋겠습니다. 우리의 하루하루는 8과 16의 합이니까요.

생각해볼 문제

★ 여러분의 삶에 대해서 진지하게 고민하면서 아래의 네 가지 칸에 어떤 것들이 들어갈 수 있는지 써보세요. 주로 C에 많은 이야기를 쓰게 되나요? B에는 어떤 것들이 있나요? 자신의 행복을 C로만 결정짓고 있는 것은 아닌지요? 미래를 준비할 때 A에만 초점을 맞추고 있는 것은 아닌가요? 행복은 (A+B)-(C+D)에 가깝습니다.

	8의 영역	16의 영역
행복한 이유 혹은 행복해지기 위해 노력하는 것들	A	B
불행한 이유들	C	D

★ 아래 글은 2000년 코카콜라 새 회장인 더글러스 대프트가 한 말입니다. 삶의 균형을 생각하게 하는 감동적인 말이지요. 여러분 인생에서 다섯 개의 공은 무엇입니까? 그 공은 8과 16 중에 어디에 속해 있습니까?

Life is…

인생을 공중에서 5개의 공을 돌리는 것(저글링)이라고 상상해보자.

각각의 공을 일, 가족, 건강, 친구, 그리고 영혼(나)이라 명명하고, 모두 공중에 떠 있다고 생각해보자.

당신은 곧 일이라는 공은 고무공이어서 떨어뜨리더라도 바로 튀어 오른다는 것을 알게 될 것이다. 그러나 다른 4개의 공(가족, 건강, 친구, 그리고 영혼)은 유리로 되어 있다는 것도 알게 될 것이다. 만일 당신이 이 중 하나라도 떨어뜨리면 떨어진 공들은 닳고, 상처입고, 긁히고, 깨지고, 흩어져서 다시는 전과 같이 될 수 없을 것이다. 당신은 이 사실을 이해하고, 당신의 인생에서 이 5개의 공들이 균형을 갖도록 노력해야 한다.

그럼 어떻게 균형을 유지할 수 있단 말인가?

자신을 다른 사람들과 비교함으로써 당신 자신을 과소평가하지 말라. 우리 각자는 모두 다르고 특별한 존재이기 때문이다. 당신의 목표를 다른 사람들이 중요하다고 생각하는 것들에 두지 말고, 자신에게 가장 최선이라고 생각되는 것에 두어라.

당신 마음에 가장 가까이 있는 것들을 당연하게 생각하지 말라. 당신의 삶처럼 그것들에 충실하라. 그것들이 없는 당신의 삶은 무의미하다.

과거나 미래에 집착해 당신의 삶이 손가락 사이로 빠져나가게 하지 말라. 당신의 삶이 하루에 한 번인 것처럼 살아감으로써 인생의 모든 날들을 살게 되는 것이다.
아직 줄 수 있는 것이 남아 있다면 결코 포기하지 말라.
당신이 노력을 멈추지 않는 한 아무것도 진정으로 끝난 것은 없다.

당신이 완전하지 못하다는 것을 인정하기를 두려워 말라.
우리를 하나로 묶어주는 것이 바로 이 불완전함이다.

위험에 부딪히기를 두려워 말라.
우리는 이러한 기회로 용기를 배운다.

찾을 수 없다고 말함으로써 당신 인생에서 사랑의 문을 닫지 말

라. 사랑을 얻는 가장 빠른 길은 주는 것이고, 사랑을 잃는 가장 빠른 길은 사랑을 너무 꽉 쥐고 놓지 않는 것이며, 사랑을 유지하는 최선의 길은 그 사랑에 날개를 달아주는 것이다.

당신이 어디에 있는지, 어디를 향해 가고 있는지도 모를 정도로 바쁘게 살진 말라.

사람이 가장 필요로 하는 감정은 다른 이들이 당신에게 고맙다고 느끼는 그것이다.

시간이나 말을 함부로 쓰지 말라. 둘 다 다시는 주워 담을 수 없다. 인생은 경주가 아니라 그 길의 한 걸음 한 걸음을 음미하는 여행이다.

어제는 역사이고, 내일은 미스터리이며, 그리고 오늘은 선물이다. 그렇기에 우리는 현재present를 선물present이라고 말한다.

Creativity is?

강원도 어느 산골 고등학교 교장선생님으로부터 강의 부탁을 받은 지 3개월이 지났습니다. 마음 같아서는 당장 달려가고 싶었지만 스케줄은 쉽게 강원도를 허락하지 않았습니다. 어렵사리 토요일 오전에 강의를 하기로 했습니다. 2009년 12월, 어느 추운 겨울날이었죠. 사실 토요일에 강의가 있다는 것은 금요일 밤을 포기하라는 말과 같습니다. 대학생일 때는 잘 몰랐지만 금요일 밤은 직장인이 가장 기다리는 날입니다. 저에게도 예외는 아니죠. 하지만 과감히 포기하고 토요일 새벽 5시에 일어나서 길을 나섰습니다. 새벽은 살아 있다는 것이 무엇인지 깨닫게 해주더군요. 한겨울 새벽 5시면 거리는 온통 어둠뿐이고 세상은 꽁꽁 얼어 있는 시간인데도 이미 도로는 삶을 위한 질주로 분주했습니다.

생각보다 빨리 강원도 정선에 도착했습니다. 강의 시간까지는 여유가 있어서 교장선생님과 따뜻한 차를 마시며 이야기를 나누고 있었습니다.

"이 학교의 학부모님들은 걱정이 이만저만이 아닙니다. 도시 사람들은 스키장과 카지노가 생겨서 지역 경제가 나아졌다고 생각하지만, 정작 돈 있는 사람은 다 타지나 도시로 떠나버리고, 갈 곳도 가진 것도 없는 사람들만 여기 남아 있지요. 학부모님들은 이곳이 교육적으로 매우 안 좋다고 생각하십니다. 하긴 서울처럼 문화적 혜택이 많은 것도 아니고, 주변에는 카지노와 스키장까지……."

교장선생님의 얼굴이 어두워지기 시작했습니다.

"게다가 이 학교는 어찌나 높은 곳에 있는지 수업을 마치고 집에 밥먹으러 가는 학생들은 높은 산길을 다시 올라오기 싫어서 야간 자율학습을 빼먹습니다. 이 높은 곳까지 다시 고생해서 올라오는 것보다는 차라리 다음 날 선생님께 혼나는 것을 택하죠. 그래서 저녁도 학교에서 사줍니다. 예산을 마련하려고 여기저기 뛰어다녀야 했죠."

잠시 후 강의가 시작되었습니다. 도서실에서 진행된 강의. 한쪽에는 학생들이, 다른 한쪽에는 선생님들과 마을 주민들이 앉으셨죠. 마치 영화 〈웰컴투 동막골〉의 한 장면 같았습니다. 멀리서 보면 지금 강의하고 있는 교실 지붕에서 연기가 모락모락 피어오를 것만 같았죠. 저는 강의 중에 이렇게 말했습니다.

"제가 강의를 시작하기 전에 교장선생님과 이런저런 이야기를 나눴습니다. 여기 오신 학부모님들은 자녀들이 스키장과 카지노가 근처에 있는 학교에 다니는 것이 교육적으로 안 좋아서 마음 아파하신다고 들었습니다. 서울에서 여러 가지 문화적 혜택과 다양한 교육 기회를 얻을 수 있는 학생들과 비교한다면 충분히 공감이 되는 부분입니다. 게다가 학교는 왜 이리도 높은 곳에 위치해 있는지, 왜 그리 가난은 지독하기만 한지 생각만 해도 속상하시죠?"

제 말을 듣고 계시던 학생들, 학부모님들 그리고 선생님들은 아무 말씀도 없었습니다. 교실은 정적으로 가득 찼지요.

"제가 이 고등학교에 다니는 학생이라고 가정해보겠습니다. 고3이 되어 목표로 하는 대학교에 지원서를 써야 한다면 저는 자기소개서에 이렇게 쓸 것 같습니다."

안녕하세요? 저는 ○○고등학교 3학년 김태원입니다. 우리나라 고등학생들은 자신이 원하는 대학에 가기 위해 수많은 유혹을 이겨내야 합니다. 잠에 대한 유혹, 텔레비전에 대한 유혹, 때로는 이성에 대한 유혹도 이겨내야 하지요. 저도 전국의 고등학생들처럼 그런 유혹을 이겨내며 고등학교 시절을 보냈습니다. 하지만 저는 전국의, 아니 어쩌면 전 세계 어떤 학생도 겪어보지 못한 또 하나의 유혹을 이겨내야 했습니다. 제가 다닌 ○○고등학교는 학교 근처에 스키장과 카지노가 있습니다. 그래서 많은 사람들은 교육적으로 안 좋은 환경이라며 늘 걱정하셨습니다. 하지만 저는 그런 상황을 불만스럽게 바라보기보다는 남들은 경험하지 못한 또 하나의 유혹을 이겨내는 과정이라고 생각하며 긍정적으로 받아들였습니다. 유혹을 이겨내는 또 하나의 방법을 배워서 제가 원하는 △△대학교에 지원합니다.

강의를 듣고 계신 학생들, 부모님들, 선생님들과 눈을 마주치면 말했지요. 제 말에 많은 분들이 고개를 끄덕여주셨고, 어떤 분은 열심히 메모를 시작했습니다.

"여러분, 교육과 선생님과 부모의 역할은 무엇일까요? 학생들을 위해 돈으로 이 현실을 바꿔주면 문제는 해결되는 것일까요? 하지만 학생들은 살아가면서 지금보다 더 어렵고 험난한 환경에 처할지도 모릅니다. 그때는 어떻게 해야 하나요? 저는 현실을 바라보는 긍정적인 관점을 선물하는 것이 교육과 선생님과 부모님의 역할이라고 생각합니다."

세상이 정해놓은 기준으로, 남들과 같은 방향으로 바라보면 그 고등학교는 결코 만족스럽지 못한 교육 환경입니다. 하지만 '나만의 콘텐츠'라는 관점으로, '나만의 스토리'라는 차별화의 관점으로 바라본다면, 그 고등학교에 다닌다는 것은 다른 지역에 사는 그 어떤 학생도 따라 쓸 수 없는 자기소개서를 쓸 수 있는 기회를 가진 것이나 마찬가지입니다. 실제로 많은 고등학생들이 수시모집에 지원서를 쓰면서, 대학생들이 취업을 위해 자기소개서를 쓰면서 '차별화된 콘텐츠의 부재' 때문에 힘들어하고 있습니다. 혹시 일본 홋카이도에 있는 유바리 시를 아시나요? 유바리 시는 삿포로에서 자동차로 2시간이 채 걸리지 않는 곳입니다. 옛날에는 탄광촌으로 번영했지요. 지금은 고급 멜론이 특산품이며, 눈이 많이 쌓이는 겨울에는 스키 관광객들로 붐빕니다. 몇 년 전만 하더라도 일본 홋카이도 유바리 시는 한국의 지방자치단체들이 열광하던 지역발전 모델이었습니다. 핵심산업이던 석탄산업의 쇠퇴와 경기 침체, 인구유출에 시달리던 유바리 시는 80~90년대 '탄광에서 관광으로'라는 슬로건을 내걸고 석탄박물관, 스키장, 리조트 등 여러 가지 프로젝트를 추진했습니다. 특히 1990년 출범한 유바리 국제 판타스틱 영화제는 전 세계에 유명세를 떨치면서 '문화와 관광을 통한 지역발전'의 벤치마킹 사례가 됐습니다. 한국에서 붐을 이루고 있는 영화제도 유바리 시에서 큰 영향을 받았다고 하네요.

하지만 잘나가던 유바리 시에 먹구름이 몰려옵니다. 방만한 사업으로 부채가 눈덩이처럼 불어났고, 결국 유바리 시는 2006년 360억 엔의 빚을 더는 감당할 수 없다며 파산을 선언했습니다. 일본에서 최초로 파산을 선언한 지방도시라고 합니다. 기업처럼 '뼈를 깎는 구조조정'을 피할 수 없었고, 공무원은 절반으로 줄었으며 의료시설과 학교 통폐합이 잇따랐습니다. 수도료 등 공공요금도 대폭 올라 주민들은 큰 고통을 겪었다고 하네요. 국제영화제도 한때 중단되는 등 존폐 위기에 처했다가 자원봉사자와 기업의 기부 덕분에 가까스로 명맥을 유지하고 있었습니다. 최근 유바리 시에는 "이렇게 하면 지방자치단체도 망할 수 있다"는 '반면교사反面教師 투어'에 참가하는 국내외 공무원들이 몰린다는 웃지 못할 일이 벌어지고 있습니다.

유바라 시를 상징하는 캐릭터

　사람들은 절망에 빠졌습니다. 하지만 그대로 가만히 있을 수는 없었죠. 일본에서 최초로 파산한 지자체, 일본에서 가장 이혼율이 낮은 고장, 특산품인 멜론 등 유바리 시에 대해 다시 희망의 시선으로, 긍정의 시선으로 바라보기 시작합니다. 새로운 시선은 새로운 아이디어를 선물했지요. 유바리 시는 '돈은 없지만 사랑은 있다'는 메시지로 유바리 시를 홍보하기 시작했습니다. 일본 최초로 파산한 도시라서 돈은 없지만, 이혼율이 가장 낮으니 사랑은 있다는 의미입니다. 낭만적이지요. 다시 관광객을 조금씩 늘어나기 시작했습니다. 지금은 CD를 비롯하여, 가방, T셔츠, 맥주 등 다채로운 유바리 부부의 상품들을 팔고 있습니다. 멜론모자를 쓰고 여기저기 기운 옷을 입고 짐수레를 끄는 부부가 바로 유바리 시의 캐릭터입니다. 이 유바리 부부가 2009년 6월, 광고계의 아카

데미상 격인 칸 국제광고제 프로모션 부문에서 응모작품 1118점 중 최고상을 받았습니다.

강원도 정선의 어느 고등학교나 유바리 시의 사례는 결국 새로운 시선으로 바라볼 때 기회가 온다는 것을 알려주고 있습니다. 그리고 저는 이런 사례들을 보면서 다시 창의력에 대해서 고민을 시작합니다.

학생을 가르치는 선생님, 취업을 앞둔 대학생, 일류 기업에서 마케팅을 하시는 사회인, 자녀교육에 관심이 많은 어머니들까지, 정말 많은 분들에게 질문을 받았습니다.

"태원 씨의 창의적인 생각이나 관점은 어디서 배운 것인가요? 부모님의 특별한 교육법이 있었나요? 창의력을 기르기 위해서 평소에 어떤 노력을 하시나요? 어떤 책을 읽죠? 창의력은 선천적으로 타고 난다고 생각하시나요? 아니면 후천적인가요?"

창의력, 새로운 관점 등에 대한 수많은 질문들. 그때마다 저는 바로 답변을 하기보다는 이런 글이 쓰인 파워포인트 슬라이드를 보여줍니다.

Action, Active, Alive, Attractive, Ability 등 다양한 답변을 들을 수 있습니다. 단연 많은 사람들은 창의력은 곧 Ability(능력)라고 생각하지요.

하지만 저는 창의력은 Attitude(태도)라고 생각합니다. 강원도 정선에 위치한 고등학교의 열악한 교육 환경에, 유바리 시가 처한 경제적 위기에 새로운 기회가 찾아온 것은 자신들이 처한 현실을 바라보는 태도를 '부정'에서 '긍정'으로 바꾸었기 때문이죠. 태도가 관점을 바꿔주니까요. 창의력은 지식, 교육, 책, 경험 등을 오랜 시간 동안 먹고 자란 '태도'라는 나무가 맺은 열매입니다. 나무가 무럭무럭 자라야 열매를 맺습니다. 하지만 창의력에 대한 문제를 '태도'에서 찾으려고 하는 질문은 받아보지 못했습니다. 자라지도 않은 나무에게 열매를 기대하고 있지요. 모험과 변화를 싫어하는 자신의 태도는 바꾸려 하지 않으면서 세상에 없는 새로운 아이디어를 원하기만 합니다. 태도는 지식이나 정보와는 달라서 오랜 시간과 경험의 축적으로 이뤄집니다. 하지만 마음이 급한 학부모님은 학원에 보내서 자녀의 창의력을 키우려 합니다. 아마 저에게도 어떤 학원을 가라, 어떤 책을 읽어라, 어떤 강의를 들어라 등 뭔가 명쾌하게 떨어지는 답을 기대하셨을지도 모르겠군요. 저는 그럴 때마다 또 '태도'에 대해서 이야기합니다. 사람들은 창의력을 마치 짧은 시간 동안 집중적으로 쌓으면 되는 지식의 문제처럼 받아들입니다. 공부를 많이 하면, 책을 많이 읽으면 창의력에 도움이 될 거라고 생각하지요. 물론 도움이 될 겁니다. 그런데 태도에 대해서는 별로 대수롭게 여기지 않거나 아예 신경도 쓰지 않는 경우가 많습니다. 밑바닥을 다지려고 하지는 않고 건물부터 지으려고 하는 격입니다. 건물을 세우면 건물에 가려서 밑바닥이 어떻게 다져졌는지 보이지 않겠지요. 하지만 건물은 곧 무너지게 될지도 모릅니다.

창의력이 점점 중요해지고 있는 시대입니다. 그래서 머리가 말랑말랑해지기를 바라는 사람들의 걱정은 끊이지 않죠. 좋은 책을, 좋은 강의를 찾아 바쁘게 움직이는 하루였을지도 모르겠네요. 하지만 창의력을 기르는 가장 쉽고도 근본적인 방법은 세상을 바라보는 태도를 바꿔보는 것입니다. 오늘은 우선 창의력, 이 자체를 바라보는 '태도'부터 바꿔보면 어떨까요? 태도가 창의력을 선물할 겁니다.

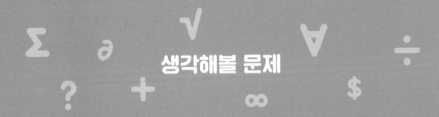

창의력이라는 열매를 맺는 나무는 아래처럼 생기지 않았을까요?
나무가 자라려면 햇빛도 필요한데요, 그렇다면 창의력이라는 열매
를 맺기 위해 '햇빛'과 같은 역할을 할 수 있는 것은 무엇일까요?

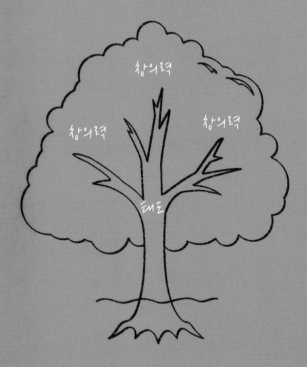

… 경험·지식·교육·책 …

거꾸로 놓인
돼지머리

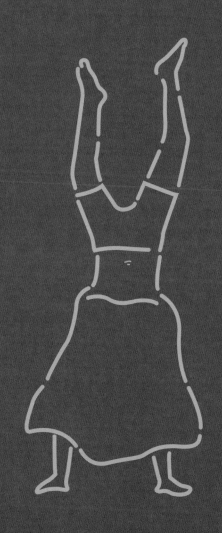

겨울이었습니다. 대학로에서 연극을 보기로 했지요. 대전에서 일하고 있는 동아리 후배를 오랜만에 만난다는 기쁨과 '주말에는 문화를 소비할 줄 아는 사람'이 된 것 같은 착각에 연극을 보기 전부터 기분이 좋았습니다. 공연장에 가기 전에 삼겹살에 소주 한 잔을 곁들이며 회포를 풀었습니다. 연극을 감상할 자세가 안 된 것처럼 느껴지기도 했지만, 삼겹살에 익숙한 '일상'은 연극을 보는 '이벤트'보다 관성이 강합니다.

그날 본 연극은 〈총각네 야채가게〉였습니다. 참 유쾌한 연극이더군요. 젊은 총각들이 신선한 아이디어와 경영 마인드로 야채가게를 운영하면서 벌어지는 여러 가지 이야기를 엮은 것이었습니다. 실화를 바탕으로 했기에 더욱 흥미로웠습니다(실제로 총각네 야채가게의 이영석 대표는 무일푼 오징어 행상에서 출발해 대한민국 평당 최고 매출을 올리는 현재의 '총각네 야채가게'를 차렸습니다. 현재 서울에만 7개의 지점이 있고, 직원 수는 무려 250명이라고 합니다). '아! 이런 것이 젊음이구나' 하는 느낌을 한가득 선물받는 시간이기도 했습니다. 사실 연극을 보는 내내 강의를 통해서나 책을 통해서 자주 만나게 되는 대학생, 특히 취업준비생들이 떠올랐습니다. 나중에 취업이나 미래에 대한 고민으로 힘들어하는 학생들이 있다면 이 연극 티켓을 선물로 주고 싶은 마음까지 들었습니다. 오랜만에, 그것도 아끼는 후배와 함께 보게 된 유쾌한 연극. 2시간이 어떻게 가는지도 모르고 빠져들었죠. 연극의 마지막은 고사를 지내는 장면이었는데 이 연극에서 가장 기억에 남는 것이 바로 고사 장면에서 등장한 돼지머리입니다.

사실 처음에는 돼지머리가 잘못 놓인 것이 아닌가 하고 생각했습니다. 눈이 위로, 입은 아래로 가야 하는데 반대로 놓여 있었던 것이죠. 하지만 돼지머리 밑에 쓰여 있는 글을 읽자 제 온몸에는 소름이 돋았습니다.

저는 세상을 다르게 보고 있습니다.

어쩌면 이것이 이 연극이 말하고 싶었던 것이 아닐까요? 남들도 잘 아는 대기업에 취업해야, 의사나 변호사 같은 전문직을 가져야만 성공했다고 보는 사회적인 시선들을 '총각들'은 기분 좋게 웃어 넘기고 있었습니다. 연극이 아닌 현실에서도 총각네 야

채가게는 또 하나의 경영 모델, 열정 모델이 되어 단지 소비자뿐
아니라 많은 사람들에게 '다른 생각'의 기회를 주고 있습니다.

Think Different

아이폰, 아이팟, 맥북 등 전 세계 사람들을 하나의 트렌드
속으로 빠져들게 한 애플이 만든 제품들. 구글과 함께 가장 혁신
적인 기업의 대표주자인 애플은 늘 'Think different'를 외칩니다.
1997년 애플의 광고대행사인 TBWA에 의해서 창조된 이 광고 슬
로건은 이미 하나의 철학이자 아이콘이 되었습니다.

Here's to the crazy ones.

The misfits. The rebels. The troublemakers.

The round pegs in the square holes.

The ones who see things differently.

They're not fond of rules.

And they have no respect for the status quo.

You can quote them, disagree with them, glorify or vilify
them.

About the only thing you can't do is ignore them.

Because they change things.

They push the human race forward.

And while some may see them as the crazy ones,

We see genius.

Because the people who are crazy enough to think

they can change the world,

Are the ones who do.

여기에 미친 이들이 있다.

부적응자들, 반역자들, 문제아들 그리고 부적임자들.

세상을 다르게 보는 사람들.

그들은 룰을 좋아하지 않고, 현상 유지를 존중하지 않는다.

당신은 그들의 말을 인용하거나, 그들에게 동의하지 않거나, 그들을 찬미하거나 또는 비방할 수 있다.

하지만 그들을 무시할 수는 없다. 그들은 무언가를 변화시켰기 때문이다.

그들은 인류를 앞으로 전진시켰다.

그들을 미쳤다고 보는 사람도 있지만 우리는 그들의 천재성을 본다.

생각에 미칠 수 있는 사람들이기 때문에 그들은 세상을 변화시킬 수 있다.

그들은 진정 행동하는 이들이다.

세상을 변화시키는 기업 애플의 성공요인 중 하나인 'Think different'라는 말에 많은 이들이 동의하지만, 그것을 자신의 삶에 적용하기란 쉽지 않습니다. 다르게 생각한다는 것은, 다른 것을 생각한다는 것은 용기가 필요한 일이기 때문이죠. 남과 같아지려는 열정이 남과 달라지려는 열정보다 뜨거운 사회에서 '다름'의 불꽃이 지속되기란 쉽지 않습니다.

마쓰다의 RX-8은 작지만 '다른 생각'이 얼마나 큰 편리함을 제공할 수 있는지 보여주는 재미있는 사례입니다. 세단과 쿠페의 차이를 차문의 수로 구별하곤 하지요. 쿠페는 문이 2개인 스포츠카 모양의 자동차를 말합니다. 쿠페에도 뒷자석이 있는 경우가 있는데요, 문이 2개밖에 없어서 뒷자리에 타기가 여간 불편한 것이 아닙니다. 마쓰다의 RX-8은 이런 불편함을 해결하면서 쿠페의 날렵함과 본질은 잃지 않은 자동차죠. 곁에서 보면 문을 여는 손잡이는 2개밖에 없습니다. 문이 2개인 여느 쿠페와 크게 다르지 않습니다. 하지만 다른 쿠페 자동차에 비해서 마쓰다 RX-8이 편리한 이유는 바로 열리는 방향이 '다른' 뒷문을 만들었기 때문입니다. 뒷좌석 쪽에 있는 작은 문은 바깥쪽에 손잡이가 없습니다. 문을 여는 손잡이는 안에 달려 있지요. 문이 열리는 방향도 보통 우리네 상식과는 다른 반대 방향이기 때문에 좁은 공간임에도 타고 내리기가 훨씬 더 편리합니다. 다른 생각이 가져다준 편리함에 센스가 듬뿍 묻어납니다.

마쓰다 RX-8

산타클로스가 입은 옷은 왜 빨간색일까요? 루돌프 사슴 코가 빨갛기 때문에 산타할아버지의 옷도 빨간색이라고 하기에는 뭔가 찜찜합니다. 산타클로스가 빨간색 옷을 입은 이유는 사실 코카콜라의 영향이 큽니다. 더운 여름이면 시원한 콜라 한 잔이 생각나시죠? 코카콜라는 여름철에는 매출이 오르지만 추운 겨울에는 판매가 잘 안되는 문제점을 안고 있었습니다. 그래서 산타클로스가 선물을 배달하다가 시원하게 콜라를 마시는 모습을 광고로 만들었습니다. 사람들은 크리스마스 시즌이 되면 빨간색 옷을 입은 산타클로스를 자주 접하게 되고, 그럴 때마다 은연 중에 코카콜라에 손이 가게 되죠. 이를 통해 비수기에도 매출을 끌어올립니다. 다른 기업들처럼 어떻게하면 경쟁사의 시장점유율을 빼앗아올 것인가를 고민하기보다는 생각을 바꿔서 비수기에 더 많이 판매할 수 있는 전략, 즉 파이를 키우는 전략을 고민한 결과지요.

우리는 매일 아이폰을 들여다보며 생활하고, 코카콜라를 마십니다. 아이폰과 콜라에는 우리가 몰랐던 '다른 생각'이라는 재료가 들어 있습니다. 오늘은 세상을 다르게 보는 돼지머리를 기억합시다.

생각해볼 문제

『젊은 구글러가 세상에 던지는 열정력』을 보면 어느 여학생의 초상화가 나옵니다. 그 글에서 저는 여학생의 초상화를 거꾸로 들고 봤다고 했습니다. 바로 세울 때보다 거꾸로 세워서 볼 때 훨씬 더 그 여학생만의 독특한 느낌이 느껴졌기 때문이죠. 거꾸로 세워놓은 돼지머리를 보면서 감동을 받았는데, 알고 보니 저는 훨씬 예전부터 그런 경험을 하고 있었습니다. 하지만 사고의 전환을 위해 '세상을 다르게 보자'는 메시지까지는 읽어내지 못했던 것이지요. 진작에 알아차렸다면 좀 더 말랑말랑한 생각을 할 수 있었을 텐데 아쉽군요.

135

문제를
뒤집다

Anything과 Whatever

수업에서 배운 대로 한다면 두 단어는 '아무거나', '뭐든지' 정도로 해석할 수 있겠네요. 그런데 혹시 '아무거나'와 '뭐든지'가 싱가포르에서 대단히 인기 있는 음료수 브랜드 이름이라는 사실을 알고 계신가요? 싱가포르 기업인 '아웃 오브 더 박스'의 대표 음료 브랜드죠. 6개의 서로 다른 맛이 있는 음료수지만 겉으로 보이는 패키지가 같아서 소비자들은 마셔보기 전까지는 어떤 맛인지 알 수 없습니다.

사람들은 입소문, 인터넷 검색, 잡지, 텔레비전 등을 통해 맛집을 찾아내기 바쁩니다. 어떤 사람은 자신이 좋아하는 음식을 먹기 위해 먼 길과 오랜 시간을 너그럽게 기회비용으로 감수하지요. 그만큼 사람들은 맛에 민감하고, 대부분 선호가 있습니다. 무엇보다 입안으로 들어가는 음식인 만큼 조심할 수밖에 없지요. 그런데 왜 싱가포르 사람들은 이런 '불확실성'을 구매할까요? 그것은 경험 때문입니다.

뭔가 예측 불가능한 경험이 오히려 즐거움을 가져다주기 때문이라고 하네요. 제품이 아닌 '경험'을 파는 것이 마케팅의 트렌드라고 하지만, 그것이 식당이나 레스토랑이 아닌 슈퍼마켓에서 사서 먹는 음료수 영역에까지 영향을 주는지는 몰랐습니다. 그래서 이 업체는 '맛'의 경쟁이라는 전통적인 게임의 룰을 벗어나서 '경험'이라는 새로운 게임 룰을 통해 성공적으로 비즈니스를 하고 있습니다. 회사가 직면한 '매출'이라는 문제를 '맛'이 아닌 다른 시각에서 해석한 결과겠지요.

독자님으로부터 처음 이메일을 받았을 때가 생각납니다. '어떻게 내 책을 읽고 자신의 삶이 긍정적으로 변했다고 감사 메일을 보내주 실 수 있을까?' 하며 황송한 마음으로 메일을 읽었지요. 앉아서 인터넷 서핑을 하던 중 그 첫 이메일을 저도 모르게 서서 읽었던 기억이 납니다. 감사하고, 놀랍고, 믿을 수 없었기 때문이겠지요. 그날도, 그다음 날도 저는 독자님들의 메일 하나하나를 소중히 생각하며 답장을 드렸습니다. 시간이 흘러 더 많은 책을 쓰게 되고, 강연회에서 더 많은 사람들을 만나게 되고, TV 방송과 라디오에서 시청자, 청취자들을 만나게 되면서 제가 받는 메일의 양이 증가하기 시작했습니다. 더 많은 시간을 들여서 답장을 했지만 받는 메일의 양과 속도에는 미치지 못했지요. 그때부터 고민에 잠겼습니다. 독자님들이나 강연을 들으신 분들께 받은 모든 메일을 처음과 다름없이 소중하고 감사하게 생각하고 있지만 저에게서 답장을 받지 못한다면 이분들은 실망하실지도 모르기 때문이죠. 그렇다고 제가 모든 일을 제쳐두고 메일 답장에만 매달릴 수는 없는 노릇이었습니다.

'나에게 시간만 더 있다면.'

늘 이 말을 되뇌이며 안타까워했습니다. 이메일 답장을 한 번 하는 데 5분이 걸린다고 가정해봅시다. 제가 하루 10명의 독자님께 답장을 한다면 5분×10명=50분이 소요됩니다. 제가 해야 할 일은 하루에 50분씩을 독자님들을 위해 따로 떼어놓는 것이죠. 그러면 저는 변함없이 독자님들께 감사의 마음을 담은 답장을 할 수 있습니다. 하지만 회사에 다니고, 책을 쓰고, 방송과 강의를 준비하면서 하루에 50분을 온전히 독자님들을 위해 쓴다는 것은 현실적으로 쉽지 않은 일입니다. 친구들 만나는 시간과 횟수를 줄이고, 여가도 포기하고, 잠도 줄이고 한다면 50분 정도는 어떻게든 확보가 가능할 겁니다. 그런데 만약 제가 답장을 드려야하는 독자분이 하루에 50명 정도 된다면 어떻게 될까요? 5분×50명=250분. 하루에 4시간 이상을 확보해야만 답장이 가능하다는 계산이 나옵니다. 거의 불가능에 가깝지요.

어떻게 하면 저는 소중한 독자님들의 메일에 답장을 할 수 있을까요? 지금까지는 독자님께 답장을 드리는 문제에 대해 '시간'의 관점에서 해답을 고민했습니다. 제 관점에서 문제를 바라본 것입니다. 시간이 부족해서 답장을 다 못해드렸으니, 시간만 넉넉하다면 답장하는 데 큰 무리가 없을 거라고 생각했기 때문입니다.

하지만 시간은 제한되어 있고, 회사 안팎에서 제가 할 일은 갈수록 많아지고 있습니다. 그래서 '답장의 문제'를 다른 관점에서 해석해보기로 했습니다. 즉, 답장을 하는 사람인 '저자'의 관점이 아닌 답장을 받는 '독자와 강연 참석자'의 관점에서 생각해보기로 했지요.

제가 받은 메일 내용은 크게 몇 가지로 분류할 수 있었습니다. 책을 읽고 혹은 강연이나 방송을 듣고 감사의 마음을 전하고 싶어서 보내주신 메일이 대부분인데, 받은 메일의 30% 정도는 궁금한 것에 대한 질문이나 고민 상담, 조언을 구하는 내용이 포함되어 있습니다. 그 30% 중에 취업이나 진로에 대한 고민은 반 정도 됩니다. 모든 독자님의 메일이 중요하지만 아무래도 30%의 메일이, 그중에서도 당장 눈앞에 놓인 문제인 취업, 진로에 대한 고민을 담은 메일이 조금 더 시급해 보입니다. 그리고 메일의 대부분을 차지하는 70%의 메일은 고민이나 질문보다는 저에 대한 감사의 마음과 함께 본인도 창의적이고 열정적으로 사고하고 행동하겠다는 다짐과, 식은 열정을 다시 움직이는 열정으로 만들겠다는 의지 등을 포함하고 있지요.

저는 우선 시급성이 있는 30%의 메일에 좀 더 빨리 답장을 하려고 노력합니다. 그리고 나머지 70%의 독자님들에게는 이전과는 다른 방법으로 답장을 하고 있지요. 그리고 이것이 제가 제한된 시간을 더 효율적이고 효과적으로 활용할 수 있는 방법이 되었습니다. 과연 어떤 방법이었을까요?

전체 메일에서 차지하는 비율

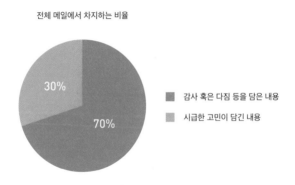

■ 감사 혹은 다짐 등을 담은 내용
■ 시급한 고민이 담긴 내용

저에 대한 감사의 마음과 독자님 자신의 열정이나 창의력에 대한 의지를 새롭게 다지겠다는 다짐을 담은 메일을 읽으면 한 달, 두 달 혹은 심지어 2년이 지난 후에 답장을 드립니다. 이 말만 들으면 답장을 하는 시기만 뒤로 늦춰진 것이지 답장을 해야 하는 이메일 수는 전혀 변동이 없으니 '오늘 할 일을 내일로 미룬' 상황일 뿐이지요. 하지만 뒤로 미룬 이유가 저의 게으름 때문만은 아니라는 사실이 중요합니다. 한참 후에 답장을 드릴 때 메일에 담은 내용은 다른 메일과는 좀 다르죠. 저는 몇 개월 혹은 몇 년 전에 독자님이 보내주신 메일을 독자님께 그대로 다시 전달해드립니다. 그리고 짧게 한마디만 덧붙입니다.

> ○○ 독자님, 안녕하세요? 이 이메일은 6개월 전에 독자님이 저에게 보내주신 메일입니다. 이 이메일에 담겨 있는 마음과 의지가 아직도 변하지 않았다면 틀림없이 누구보다 즐겁고 열정적인 하루하루를 보내고 계실 거라는 생각이 듭니다. 힘내세요. 김태원 드림

이 메일을 받은 독자님은 어떤 생각이 들었을까요? 제 책을 읽은지 혹은 강연을 들은 지 6개월이 지나서 어느덧 열정도 의지도 조금씩 식어가고 있었을지 모릅니다. 그런데 6개월 전에 저에게 '저도 이렇게 살아보려고 합니다'라고 열정과 다짐을 담아서 썼던 그 이메일을 다시 읽게 됩니다. 실제 독자님들의 이야기를 들어보니 메일을 읽으며 이런 생각을 하게 된다고 하시네요.

'맞아, 내가 예전에 이런 마음이었지. 김태원 씨에게 이렇게 열심히 살겠다고 다짐하는 메일을 보냈는데 지금은 열정이 식어버렸구나. 그래, 내가 다시 힘을 내야지.'

독자님께 답장을 드리는 문제를 시간의 관점에서만 해결

하려 했을 때는 아무런 답도 찾을 수 없었습니다. 그저 '더 많은 시간'만이 해결책이었죠. 시간이라는 X만 찾으면 저절로 Y라는 정답이 나오는 너무도 간단한 1차 방정식으로 여겼던 것 같습니다. 그런데 그놈의 '시간'을 확보하기가 쉽지 않았지요. 그래서 저는 이 문제의 본질을 다른 곳에서 찾아보기로 했습니다. 제 메일을 받은 독자님들이 다시 보내주신 답장을 읽어보며 독자님들은 저에게 보내는 메일을 일종의 '자신에 대한 약속'처럼 생각하고 계시다는 것을 알게 되었습니다. 제 책을 읽으며 혹은 제 강연을 들으며 가진 생각이나 열정, 창의력, 목표 등에 대해 저에게 메일을 보냄으로써 그 의지를 더욱 분명히 하고 싶었다고 합니다. 결국 그분들께 필요한 것은 단지 저의 답장이라기보다는 그분들의 의지가 변함없이 유지될 수 있는 자극이나 따뜻한 관심 같은 것이겠죠. 그분들이 보내주신 메일을 그대로 다시 보내드리면서, 저는 제게 보내는 메일 속에 담아놓은 여러 가지 다짐들에 대해서 한 번 더 생각해볼 수 있는 기회를 갖기를 원했습니다. 그러면서 혹시 조금씩 지쳐가거나 의지가 약해지고 있다면 다시 시작하는 마음으로 그 의지를 새롭게 하길 바랐죠. 자신이 보낸 메일을 읽으며 다시 의지를 새롭게 다지고, 나 자신에게 다시 힘을 불어넣어줄 수 있는 것은 결국 '나 자신'이라는 평범하지만 소중한 진리도 함께 경험하기를 바라면서요.

저는 이전과 같은 시간을 들이고서도 더 많은 독자분들께 답장을 하고 있습니다. 더 많이 답장한다는 것이 중요한 것이 아니라, 메일을 받으신 분들에게 더 큰 자극과 감동이 되고 있다는 것에 감사하고 있습니다. 단지 '시간'의 문제가 아니라 독자님의 입장에서 생각하면서 문제를 새롭게 정의했기 때문입니다. 늘 직면하게 되는 여러 가지 문제들. 풀이법만을 생각할 것이 아니라 문제 자체를 새로운 관점으로 바라보는 것은 어떨까요?

지난 10년 동안의 경험 중에 가장 좋은 경험에 대해 말해보시오.

어떤 면접에서 이런 질문을 받았다고 생각해봅시다. 여러분은 어떻게 답변하실 것 같나요? 아마도 우리의 경험 중에 좋은 것들이 어떤 것인지부터 찾아볼 겁니다. 여행, 사랑, 장학금, 칭찬, 성적 등 여러 가지가 있겠죠. 그리고 그중에 가장 행복한 것을 선택해서 답변을 할 겁니다. 많은 사람들의 답변이 크게 다르지 않을 것이라는 생각이 듭니다. 제가 이 질문을 받았다면 문제 자체를 다르게 접근해보려고 할 것 같습니다. 사람들은 위 질문을 받으면 '좋은 경험'이라는 개념을 전제로 경험을 떠올립니다. 당연히 행복하고 웃음이 가득한 경험 위주로 생각하게 되지요. 그러면 남들과 비슷한 답변을 하게 됩니다. 하지만 저는 '좋은 경험'이라는 개념을 사전과는 다르게 재정의를 해서 생각을 시작할 겁니다. 그리고 제 인생에서 가장 슬프고 괴롭고 힘든 경험이었지만 저에게 큰 교훈을 남겨준 경험에 대해서 이야기를 합니다. 좋은 경험을 이야기하라고 했는데 슬프고 괴로웠던 일을 이야기하니 당황스러울 수도 있을 겁니다. 문제를 잘못 이해한 것은 아닌가 하며 의아해하실 수도 있겠죠. 하지만 두고두고 교훈을 남기는 경험도 좋은 경험입니다. '좋은 경험=두고두고 교훈을 남기는 경험'이라는 관점으로 문제를 새롭게 바라보면 남과 다른 생각을 하게 되지요.

선생님들은 늘 시험을 잘 보려면 출제자의 의도를 파악하라고 했습니다. 주어진 문제대로 답을 찾아가면 우리는 문제를 푸는 학생에 불과하죠. 하지만 주어진 문제를 새로운 관점으로 재정의하면 어느새 우리는 출제자가 됩니다. 선생님의 말씀이 틀림없다면 그 문제를 가장 잘 풀 수 있는 사람은 출제자가 된 바로 우리 자신이겠죠.

여러분도 문제를 바라보는 새로운 관점으로 '출제자'가 되셨으면 좋겠습니다.

생각해볼 문제

예비군 훈련에 갔습니다. 보통은 군부대에서 하지만 이번 예비군 훈련은 민관군 통합 예비군 훈련이라 동사무소에서 집합하게 되었습니다. 경찰은 물론 동사무소 직원, 주민 대표분들도 참석하셨지요. 저도 예비군복을 입고 한쪽에 앉아 있었습니다. 그런데 주민 대표로 참석하신 대여섯 명의 아주머니 중 한 분이 저에게 다가오시면서 "혹시 MBC 파랑새에서 강의하는 김태원 씨 아니세요?"라고 하셨습니다. 맞다고 말씀드렸더니 갑자기 제 손을 덥석 잡으시면서 주변 사람들에게 "여기 유명한 사람 있어요"라고 외치시더군요. 그러자 주민 대표로 참석하신 다른 아주머니들도 제 앞으로 오셨습니다. 제 손을 잡고 계신 아주머니께서 명함이 있으면 하나만 달라고 하셨습니다. 예비군 훈련이라 따로 명함을 챙겨 가지 않았는데 마침 지갑에 명함이 세 장 정도 있어서 하나를 드렸습니다. 그 광경을 목격하신 다른 아주머니들도 명함을 달라고 손을 내미시더군요.

자, 여기서 문제를 드립니다. 제가 가진 명함은 두 장뿐입니다. 그런데 명함을 원하시는 아주머니들은 네 분입니다. 어떤 분께 명함을 드려야 할까요? 어떻게 하면 명함을 못 받으신 아주머니들께

서 딜 서운해하시고, 제가 명함을 다른 아주머니께 드린 것을 이
해해주실까요?

혹시 어렵다면 힌트를 드릴까요? 사실 저는 어느 아주머니께 명
함을 드려야 될지 몰라서 망설이고 있었습니다. 하지만 제일 처음
제 명함을 받으신 아주머니께서 어떤 기준으로 명함을 나눠드리
면 될지 깔끔하게 정리해주셨습니다. 손을 내밀고 계신 아주머니
들 중에 몇 분을 가리키시며 "이 아줌마와 이 아줌마한테는 명함
안 줘도 돼요"라고 하셨습니다. 명함을 드려야 할 아주머니와 그
렇지 않은 아주머니를 나누는 기준이 무엇이었을까요?

여전히 어려우신가요? 그날 난처했던 상황을 해결해준 기준이자
생각해볼 문제의 정답은 '딸 가진 어머님께 명함을 드린다'입니
다. '기준'을 제공해주신 아주머니께서 그러시더라고요.

"총각이 딸도 없는 아줌마한테 명함 줘서 뭐해요. 이 아줌마와 저
아줌마는 딸이 없으니 이왕이면 딸 있는 아줌마한테 명함 주세요.
혹시 알아요?"

문제를 해결해주신 아주머니께서는 이 문제를 새로운 관점으로

해석하신 분입니다. 즉 텔레비전에 출연하는 유명한 사람에게 명함을 받느냐 못 받느냐에 대한 상황을 '총각의 결혼'에 대한 관점으로 바꾸어주셨지요. 즉 저를 '파랑새 김태원'이 아니라 '총각'이라는 새로운 시선으로 바라보셨기 때문입니다. 그래서 딸이 없는 아주머니들은 총각인 김태원의 입장을 이해해주실 수 있었고, 명함을 못 받으셔도 덜 서운하셨던 것이죠. 딸이 없으니까요.

"딸 있는 어머님 만세!"

총각 김태원 왈

2
+
2
+
2

Adopt. You will receive more than you can ever give.

Adopt. You will receive more than
you can ever give.

————

입양, 당신이 줄 수 있는 어떤 것보다
더 많이 받게 될 것입니다.

어린아이가 어머니를 꼭 안고 있습니다. 사랑을 가득 담아 입양한 어린아이가 어느덧 어른이 되어 자신을 키워주신 '사랑으로 맺어진 어머니'를 꼭 안고 있습니다. 얼마나 행복할까요? 맞습니다. 입양은 우리가 주는 것보다는 받는 것이 더 많은 '사랑'입니다. 하지만 우리나라는 여전히 너무도 많은 아이들을 해외로 입양시키는 국가로 남아 있습니다. G20 의장국이 되었다고 으쓱하고 있지만, 목욕은 하지 않고 새 옷을 입었다고 자랑하는 것처럼 보이지는 않을까 염려됩니다. 화려한 옷이 목욕하지 않은 몸은 가릴 수 있어도 냄새는 나지요. 그래서 선진국은 꼭 경제의 윤택함으로 결정되는 것은 아닌 것 같습니다. 사랑이나 국민의식, 도덕성, 행복 등은 GDP나 GNP에 포함되지 않기 때문이죠.

여러분 주의에는 입양처럼 주는 것보다 받는 것이 더 많은 일들이 있나요? 저는 교육이 바로 그런 것이라고 생각합니다. 이번 챕터는 교육에 대한 생각을 선물하려고 합니다. 사실 교육은 축구와 함께 대한민국 사람이라면 누구나 한마디쯤 할 수 있는 주제가 되겠지요. 즉 누구에게나 관련이 있는 주제라는 뜻이기도 합니다. 자칫 진부한 이야기가 될지도 모르기에 섣불리 생각을 말하기가 쉽지 않습니다. 술에 거하게 취하신 아버지께서 거실에 저를 앉혀놓으시고 했던 말씀을 또 하시고, 또 하시고 하는 그런 고통스러운 일이 될지도 모르니까요. 하지만 선물은 풀어봐야 하는 것이지 않겠습니까? 대학교 때 지하철에서 보자마자 반한 여학생에게 용감하게 말을 걸었던 그때의 용기를 생각하며 시작합니다.

몇 년 전 어느 여대에서 강의하다가 있었던 일입니다. 2시간 강의가 끝나고 어떤 여학생이 저에게 질문을 했습니다.

"안녕하세요? 저는 성생님이 되고 싶은 사범대생입니다. 제가 오늘 김태원 씨의 강의를 들으러 간다고 하니 저희 과 친구들이 그러더군요. '너 미쳤어? 임용시험 준비나 해.' 김태원 씨의 책을 읽고 저도 태원 씨처럼 전 세계를 여행하고 싶어서 여행계획을 짜고 있었더니 친구들이 그랬습니다. '너 미쳤어? 임용시험 준비나 해!' 김태원 씨, 제가 정말 미친 건가요?"

수백 명의 학생들이 저의 답변을 기다리고 있었습니다. 수많은 강의에서 참 많은 질문을 받았지만, 이런 질문은 처음이었습니다. 짧은 시간 동안 저도 많은 고민을 했습니다. 그리고 이렇게 답변을 시작했습니다.

"제가 나중에 결혼을 하고 제 자녀가 학교를 다니게 된다면 바로 질문하신 분 같은 선생님이 제 자녀를 맡아주시면 좋겠습니다. 저는 제 자녀가 선생님이 되기 위해 대학생활 내내 임용시험만 준비한 선생님보다는 비록 조금 늦게 시험에 합격했을지라도 세상을 보는 넓은 눈과 풍성한 경험으로 가득한 선생님을 만나길 바라거든요."

임용시험 합격이 정말 하늘의 별따기입니다. 경제가 어려워지고 사회적으로 직업에 대한 안정성이 낮아질수록 선생님의 인기가 올라가지요. '직업'으로서 말입니다. 선생님이라는 직업에 대한 인기가 교육에 대한 열정에 따른 변수가 아니라 직업적 안정성에 영향을 받는 변수가 된 것 같네요. 물론 헌신적으로 학생들에게 지식과 사랑을 베푸시는 선생님이 많다는 것도 알고 있습니다. 경험으로 봤을 때 수백 명이 듣는 대학생 대상 강의를 가도 사범대생은 손에 꼽을 만큼 적습니다. 임용시험에는 제 강의 내용이 시험문제로 나오지 않습니다. 대학교 때 여행을 많이 했다고, 기업에서 인턴을 많이 했다고, 공모전에서 수상을 했다고, 동아리 활동을 열심히 했다고 임용시험을 잘 볼 수 있는 것도 아니고 가산점을 주지도 않지요. 그래서 제 강의를 듣는 것은 합리적인 결정이 아닐 수 있습니다. 안 그래도 어려운 임용시험, 그 시간에 시험준비 하는 것이 선생님이 되는 빠른 길처럼 보일 겁니다. 이런 식이면 4년 내내 공부만 한 사람이 시험에 합격할 확률이 높겠지요. 선생님이 되려는 대학생들에게 '대학의 낭만, 다양한 경험, 문화적 자산' 등을 말하는 것은 사치일지도 모릅니다.

하지만 사회는 다양성, 창의력, 문화적 자산 등이 이전보다 더욱 중요해지고 있다고 말합니다. 중, 고등학교를 가보면 곳곳에서 '창의적 인재'라는 말을 쉽게 볼 수 있습니다. 아마 사범대생들도 그런 교육이 중요하다는 것을 수업시간에 배웠겠지요. 그런데 미래의 인재를 키우는 선생님은 아이러니하게 '공부만 한'

대학생이 유리합니다. 다양성을 경험하려고, 문화적 자산을 쌓으려고 한눈을 파는 날에는 '탈락'의 고배가 기다리고 있을지도 모르니까요. 물론 선생님의 첫 번째 조건은 학생들에게 수준 높은 지식을 전달해줄 수 있는 자격을 갖추는 것이겠죠. 하지만 그것이 다양한 경험과 문화적 자산 등이 필요하지 않다는 말은 아닙니다.

저는 제 자녀를 담당하는 선생님이 임용시험 합격만을 바라보고 대학 4년 내내 공부만 한 학생이길 바라지 않습니다. 오히려 다른 대학생들처럼 다양한 학교의 학생들과 교류하면서 밤새 술잔을 놓고 대화도 해보고, 경제가 어떻게 돌아가는지 알기 위해 인턴도 해보고, 전 세계를 여행하며 다른 나라는 과연 어떤 모습인지, 세상의 다양성은 어떻게 존재하는지 부딪쳐본 경험이 있는 학생이었으면 좋겠습니다. 저는 선생님이 되실 분이 다양성을 '글로 배우기'를 원하지 않습니다. 게다가 지금은 교실과 세상을, 대한민국과 다른 나라를 결코 분리해서 살 수 있는 시대가 아니기 때문입니다. 미치도록 사랑도 해보고 죽을 만큼 아픈 이별도 해봤으면 좋겠습니다. 어린 학생들에게 '연애와 이성'은 늘 고민의 중심이니까요. 동아리 활동에 미쳐서 때로는 취미가 직업이 될 수 있다는 가능성을 경험해본 사람이길 바랍니다. 아이들의 취미나 삐딱선이 '쓸데없는 짓'이 아니라 '가능성'의 신호라는 것을 볼 수 있는 눈을 가진 선생님이 될 수도 있으니까요. 가슴속에 가득 담긴 그런 경험과 생각과 느낌들을 제 자녀에게 진솔하게 전달해주시면 좋겠습니다.

제가 중, 고등학교를 다닐 때를 생각해봅니다. 공부하라고 윽박지르는 선생님의 '건조한 외침'보다는 대학생이 되면 얼마나 신나는 일들이 있는지를 알려주는 선생님의 경험담이 훨씬 더 공부하고 싶게 만들었습니다. 가슴도 두근거렸죠. 감옥 같은 사각형 교실에 갇혀 있는 학생들에게 세상은 어떻게 돌아가고 있는지, 어떤 기회와 변화가 있는지 전해주는 선생님의 이야기는 새로운 꿈을 꿀 수 있게 해주었습니다. 선생님은 한 명이지만 학생들은 수십, 수백 명이고 그 수만큼의 다양성이 존재하지요. 4년 내내 공부만 한 선생님이 과연 학생들의 다양성을 얼마나 이해하고 존중할 수 있을까요?

세상은 정말 많이 변했습니다. 제가 고등학교를 졸업한 지도 10년이 지났습니다. 강산도 변한다는 10년 동안 세상은 아예 새롭게 태어난 것 같습니다. 그때만 해도 스마트폰이라는 말은 들어보지도 못했습니다. 요즘은 스마트폰이 없으면 대화에 참여하기도 쉽지 않지요. 하지만 아직도 이과 1등은 서울대 의대에 가야 하고 문과 1등은 서울대 법대에 가라고 하지요. 입시철이 지나면 그런 사회적인 기대에 부응한 결과를 자랑하는 '당당한' 현수막을 쉽게 볼 수 있습니다. 그러면서 사람들은 우리나라에서는 스티브 잡스 같은 인재가 왜 안 나오냐고 한탄합니다. 이런 현상이 같은 사회에서 벌어지고 있다는 게 더 신기합니다.

교육은 사회의 변화에 맞게 함께 변화해야 합니다. 좀 더 다양성이 존중되는 교육, 창의력이 가득한 교육이 되어야겠지요.

그런데 교육을 담당하는 선생님을 뽑는 방법은 크게 다르지 않습니다. 그래서 제가 임용시험 방법을 바꿀 수 있는 힘이 생긴다면 무엇을 바꿀지 고민해봤습니다. 2+2+2가 하나의 대안입니다.

2+2+2

저는 임용시험 방법을 이렇게 바꾸고 싶습니다. 우리나라에서 선생님이 되고 싶은 모든 대학생은 대학교 2년을 다니면 무조건 2년동안 휴학해야 합니다. 그리고 휴학기간 동안 다양한 경험을 쌓아야 하지요. 여행, 인턴, 창업 등 뭐든 좋습니다. 2년의 휴학기간이 끝나면 그 경험이 선생님이 되었을 때 학생들의 교육을 위해 어떻게 도움이 될 수 있는지 보고서를 내야 합니다. 보고서 내용을 임용시험 점수에 반영하는 것입니다. 현재의 시험방식대로라면 그 누구도 시험과 관계없는 경험을 하려고 들지 않을 겁니다. 그렇다면 어쩔 수 없이 임용시험 제도를 바꿔야 한다고 생각합니다. 그러면 선생님이 되고 싶어 하는 학생들은 제도를 따를 수밖에 없겠지요. 자발적으로 학교 밖 세상을 모험하지 않는다면 안타깝지만 제도의 힘을 빌려야 합니다. 이렇게 된다면 아마 우리 교실에는 다양한 경험을 가슴에 품은 선생님들이 이전보다는 많아질 겁니다. 수많은 선생님들의 다양한 경험이 우리 학생들에게 그대로 전달되겠죠. 선생님의 경험은 바로 우리 학생들의 재산입니다. 그래서 저는 4년 내내 임용시험이라는 목표를 위해 공부한다는 것은 좀 더 정확하게 말하면 시험에 합격하기 위한 빠른 길이지, 결코 '스승'이 되는 빠른 길은 아닐 수도 있다고 생각합니다.

그동안 강의를 통해 수천 명의 선생님들을 만났습니다. 그중에 교장선생님들도 많이 계셨습니다. 교육에 대해서 애정과 관심이 많기에 아무리 바쁜 스케줄이라 하더라도 선생님을 대상으로 하는 강의는 꼭 참석하려고 노력합니다. 그리고 '2+2+2'에 대해서 말했습니다. 다행히 현직에 계시는 선생님들도 고개를 끄덕여주셨습니다. 물론 입시에 치우쳐 있는 우리나라 교육의 현실을 간과할 수 없다는 이야기도 나누었지요. 그래서 혼자가 아닌 '함께' 노력해야 하는 것입니다.

누구보다 풍성한 문화적 자산을 품고 학생들의 미래를 위해 노력하는 수많은 선생님이 있다는 것도 잘 알고 있습니다. 그리고 늘 응원하고 있습니다. 제 글이 그분들의 열정에 불편한 소음이 되지 않기를 바랍니다. 교실이 좀 더 말랑말랑해지고 다양해지고 풍성해지길 바랍니다. 그 안에 미래의 스티브 잡스가 자라고 있으니까요.

교육에 대한 저의 생각을 선물했습니다. 포장지를 뜯은 보람이 있었는지 모르겠네요. 혹시 실망하셨다면 글로, 머리로, 몸으로 경험을 통해 더 '교육'받고 오겠습니다.

생각해볼 문제

축구 좋아하시나요? 뛰어난 축구 선수는

공을 따라다니는 선수가 아니라 공이 갈 위치를 미리 알고

그곳에 먼저 가 있는 선수입니다.

저는 축구를 보면서 교육을 생각합니다.

이 말은 교육의 관점에서 어떤 의미가 있을까요?

분석을
분석하다

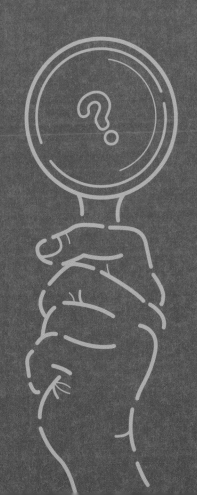

생각해볼 문제

부산광역시 북구 구포시장의 손님이 2009년 2월 이후 장날마다
5천 명이 넘게 늘었다고 합니다. 구포시장에서 손님을 늘리기
위해서 여러 가지 분석을 했을 텐데요,
분석 후 도대체 어떤 대책을 세웠길래 손님이 늘었을까요?

이전 챕터와는 글의 순서가 다릅니다. 지금까지 생각을 선물받고 생각해볼 문제를 만났다면 이번엔 반대로 해보고 싶었습니다. 생각해볼 문제를 읽어본 후에 생각을 선물받는 것이죠. 수능시험의 언어영역에 비유하자면 문제부터 읽어보고 본문을 읽는 겁니다. 선생님들이 제한된 시간에 언어영역 시험을 잘 볼 수 있는 방법이라고 늘 강조하시는 부분입니다. 분석에 대한 생각을 선물하는 글입니다. 선생님들의 말씀이 맞다면 글을 읽으시면서 자연스럽게 생각해볼 문제에 대한 답을 얻을 수 있으시겠죠? 문제부터 읽는다고 정답을 쉽게 맞힐 것 같았으면 수능을 그렇게 보지는 않았겠다는 불평이 들리는 듯합니다. 진정하시고 일단 선물부터 풀어봅시다.

제가 회사에서 주로 하는 일은 핸드폰 시장, 텔레비전 시장, 컴퓨터 시장, 자동차 시장 등에 대한 글로벌 검색 데이터를 분석하고, 새로운 트렌드와 기회를 찾아내는 일입니다. 그러다 보니 주로 숫자와 함께 살아가지요. 검색 데이터를 분석하기 위해서 첫 번째로 할 일은 내부 시스템을 통해서 검색과 관련된 다양한 데이터를 뽑아내는 것입니다. 데이터에는 시장의 변화, 사람들의 생각 등 소중한 정보들이 담겨 있지만 데이터 자체는 아무 말 없이 멍하니 자기 자리만 지키고 있습니다. 그런 의미에서 분석이라는 것은 데이터만 뽑아내는 것이 아니라, 데이터가 품고 있는 의미 있는 메시지를 읽어내는 것이죠. 그래서 분석하는 사람에게는 말랑말랑한 관점이 필요합니다. 우리가 어떤 관점에서 데이터를 분석하느냐에 따라서 같은 데이터가 다른 의미를 전하기도 하니까요.

예를 들어 언론에서는 골드미스를 아래와 같이 정의하고 있습니다.

| 30대 미혼 여성
| 대졸 이상의 학력
| 전문직이거나 대기업에서 근무
| 연봉 최소 4,000만 원 이상
| 자기 소유의 주택이 있거나 자산 8,000만 원 이상

여러분이 '자유롭게 골드미스와 관련된 분석을 하고 이런 트렌드가 사회적, 경제적으로 어떤 의미가 있는지 해석하시오'라는 과제를 받았다고 가정해봅시다. 우리가 어떻게 분석하느냐에 따라 다양한 결론에 이를 수 있을 겁니다.

A학생은 '여대생에게 설문조사를 해보니 10명 중 6명인 60%가 골드미스가 되길 희망한다'고 분석합니다. 이런 데이터를 토대로 앞으로 골드미스가 늘어날 가능성이 있으니 골드미스 관련 시장도 커질 것으로 예상하는 보고서를 쓸 수 있겠지요. B학생은 A학생이 조사한 데이터뿐 아니라 한국고용정보원에서 발표한 자료를 통해 골드미스가 6년 전에 비해 12배 폭증했다는 것도 알게 되었습니다. B학생은 골드미스 시장에 대해서 좀 더 긍정적인 전망을 내놓을 수 있을 겁니다. 그런데 C학생은 A와 B학생이 분석한 것에서 섣불리 결론을 내리지 않고 새로운 분석을 해봤습니다. 언론이 말하는 골드미스라는 카테고리에 전체 여성 취업자 중 몇 %가 해당하는지 분석해보았지요. 결론은 0.27%였습니다. 그리고 관점을 바꿔서 언론이 말하는 골드미스의 자격 요건을 남성 취업자들에게 적용해서 분석해보니, 0.27%보다 훨씬 더 높은 %의 남성이 포함됨을 알 수 있었습니다. 이렇게 되면 C학생은 단지 골드미스라는 카테고리에 한정된 변화에만 초점을 맞춘 보고서가 아니라 아직도 존재하는 우리나라 남녀의 경제적 불평등을 말할 수 있을 겁니다. 더 큰 그림을 보게 되는 거지요.

얼마나 다양하게, 얼마나 깊게 분석하느냐에 따라 우리는 새로운 현상과 마주하게 됩니다. 분석의 묘미란 깊고 넓고 다양하게 할수록 자꾸 새로운 세상이 보인다는 것이지요. 그런데 우리는 한두 가지 사실을 바탕으로 섣불리 결론을 내립니다. 그것은 하나의 현상을 발견하는 것에는 의미 있을지 모르지만 더 다양한 현상을 발견할 수 있는 기회를 놓쳐버리는 결과를 낳지요. 같은 데이터를 놓고 더 의미 있는 인사이트를 찾아내는 사람이 있습니다. 그것은 데이터의 문제가 아니라 그 데이터를 분석하는 사람의 관점에 달린 문제입니다. 그래서 좋은 분석을 위해서는 분석력뿐 아니라 창의적인 관점도 중요합니다.

화장품의 주요 성분인 립스틱 지방산과 젤라틴이 어디에서 추출되는지 아시나요? 대부분 돼지에서 추출된다고 합니다. 알고 계셨나요? 저도 매일 밤 샤워를 하고 나면 로션을 바르는데, 이 사실을 알고 난 후부터는 왠지 껄끄러웠습니다. 무슬림이 아닌 저도 그런데, 무슬림 여성들은 종교적인 금기로 인해 먹지도 못하는 돼지를 얼굴에 바른다는 사실에 대해 어떻게 생각했을까요? 메이크업 아티스트로 활동하는 레이라 만디^{Layla Mandi}는 무슬림 여성을 위해 돼지 추출물이 함유되지 않은 화장품인 원퓨어^{OnePure}를 출시했습니다. 이 제품이 잘 팔릴까요? 아무래도 그럴 것 같습니다. 이슬람교가 전 세계 두 번째로 신도 수가 많고, 신도 증가율도 가장 높기 때문입니다. 화장품 시장을 나이나 피부상태에 따라서만 분석하지 않고 문화적, 종교적 관점에서 분석해서 발견한 새로운 기회입니다.

창의력과 더불어 균형 잡힌 분석도 중요합니다. 회사의 시장 점유율을 높이려면 어떻게 해야 할까요? 경쟁사의 점유율을 빼앗아야 합니다. 하지만 자사의 기존 점유율을 빼앗기지 않는 것도 중요합니다. 하지만 회사의 성장전략을 분석하면서 경쟁사의 점유율을 빼앗아 오는 것만 생각한다면 어떤 일이 생길까요? 김영걸 KAIST 경영대학 교수님께서 아래의 흥미로운 사례를 알려주셨습니다.

국내 한 분유회사 콜센터에서는 지난 수년간 수십 명의 고객 상담요원들을 고용, 아기를 낳아 수유 중인 어머니들을 대상으로 전화 마케팅을 했다. 타사 분유를 수유하는 어머니를 상대로 "우리 분유로 바꾸세요"라고 판촉을 했고, 전환 실적에 따라 성과급을 지급했다. 이러다 보니 정작 자사 분유를 수유 중인 '충성고객'들이 전화를 받으면 육아상담이고 뭐고 가급적 빨리 전화를 끊는 것이 본인의 성과에 도움이 되었다. 이쯤 되면 '고객관계 관리 CRM'가 아니라 '역逆CRM'이다. 게다가 멀쩡히 잘 먹이던 분유를 경쟁사의 판촉전화 한 통 받고 "아, 예, 제가 그동안 정말 잘못 먹였군요. 앞으로 분유 바꿀게요"라고 답변할 엄마는 과연 또 몇 명이나 있을까? 영업부문의 극심한 우려와 반대에도 불구하고 콜센터의 육아상담 전략을 '타사 고객 전환' 대신 '자사 고객 강화' 쪽으로 180도 전환한 이 회사는 2009년도 분유부문에서 창사 이래 최고의 시장 점유율을 기록했다.

2010년 10월 9일 조선일보 Weekly Biz 중

오른쪽 사진은 망원경 광고입니다. 200배로 확대했더니 달이 보이고, 400배로 확대하니 성조기가 보이고, 800배로 확대하니 성조기의 별이 보인다고 표현했습니다. 이것이 분석이지요. 진실에 가까이 다가가기 위해서 더 깊이 분석할수록 진실은 좀 더 명확히 보일 테니까요. '박정환의 야참'이라는 칼럼을 읽다가 이 망원경 광고 같은 분석을 만났습니다. 미국 메이저리그에서 뛰고 있는 추신수 선수의 성적을 분석한 것인데요, 박정환 씨의 분석을 보면 추신수 선수가 얼마나 훌륭한지 다시 한 번 느낄 수 있습니다.

미국 최대 통계 사이트 '베이스볼 레퍼런스 시즌 파인더 Season Finder'에 의하면 올해 포함 역대 '20-20' 가입 횟수는 무려 326회다(단일 시즌 100경기 500타석 이상 기준). 올해만 이미 10명으로 '20홈런+20도루'는 사실 특별함과 거리가 멀다. 그러나 여기에 다른 이정표들이 추가될수록 전체적인 가치는 매우 특별해진다. '20-20'에 2루타 40개

이상만 포함시켜도 달성 사례는 급격히 감소한다(52회).
아래는 그렇게 조건들을 보탠 경우다.

① 역대 20-20=326회
② 역대 20-20+2루타 40개=52회
③ 역대 20-20+2루타 40개+타율 3할=29회
④ 역대 20-20+2루타 40개+타율 3할+출루율 4할=15회
⑤ 역대 20-20+2루타 40개+타율 3할+출루율 4할+30세 미만=9회
⑥ 역대 20-20+2루타 40개+타율 3할+출루율 4할+30세 미만+
　　외야수=5회

종합하면 '역대 20-20 클럽 중 시즌 2루타 40개 이상+타율 3할+출루율 4할을 동시 충족시킨 30세 미만의 외야수가 불과 5회'란 의미다(상기 세부 조건 목록에 장타율 5할 기록이 더해지지 않은 이유는 ④에 속하는15회 전부가 장타율 5할 시즌이었기 때문이다).

⑦ 역대 20-20+2루타 40개+타율 3할+출루율 4할+30세 미만+
  외야수+1년차=?

그렇다면 ⑥에 해당하는 외야수 5회 시즌 중 풀 타임 1년차가 있었을까. 답은 '노'다. 베이브 허먼(1929년 4년차), 척 클라인(1932년 4년차), 바비 어브레이유(2002년 3년차, 2004년 5년차), 제이슨 베이(2005년 2년차) 모두 2년차 이후였다. 추신수가 해낸다면 풀 타임 1년차 최초다.
PS: ④~⑦의 조건에서 출루율을 4할이 아닌 3할 9푼 이상으로 적용해도 결과는 같다.

2009년은 물론 2010년에도 20-20 클럽에 가입했으니, 추신수 선수의 성적은 감탄할 만하다고 할 수 있겠네요. 만약 추신수 선수를 홈런과 도루에만 초점을 맞춰서 '20-20 클럽에 가입한 선수'라고만 했다면 326회에 이르는 20-20 클럽 가입 선수 중 한 명에 불과했을지 모릅니다. 하지만 홈런, 도루와 관련된 데이터뿐만 아니라 그 외에 다양한 데이터를 통해 더 깊고 다양하게 분석해보니 추신수 선수가 얼마나 훌륭한지 더욱 명확히 드러납니다.

2010년 2월 11일 매일경제신문의 사설에서도 분석에 대한 흥미로운 시사점을 발견하게 되었습니다. '9년 만에 5% 벽 다시 깬 실업률'이라는 제목의 칼럼이었지요.

> 통계청이 발표한 1월 실업자가 작년 같은 기간보다 36만 8000명이나 늘어난 121만 6000명을 기록하면서 줄곧 3%대에 머물던 실업률도 5.0%로 치솟았다. 실업자가 100만 명을 넘어서고 실업률이 5%대로 올라서기는 각각 2001년 3월 이래 8년 10개월 만에 처음이다.

왜 실업률이 5%대로 올라갔을까요? 이 부분을 읽으면서 저는 '경제가 어려워져서 일자리가 이전보다 더 많이 줄었구나'라고 생각했습니다. 경제가 어려워지면 일자리가 줄어든다는 상식을 바탕으로 직관적인 결론을 내린 것이지요. 그런데 실업률이 올라간 이유는 그동안 실업자 통계에서 빠져 있던 비경제활동 인구 중 상당수가 구직활동에 나섰기 때문이라고 합니다. 저는 실업률이라는 것은 일자리 수와 일자리를 찾고자 하는 구직자의 수와 관련된 변수이기 때문에, 실업률을 올라갔다면 그것은 일자리가 줄었거나 구직자가 늘었거나 둘 중 하나의 결과라고 생각했습니다. 하지만 실제는 일자리도 늘었고, 구직자도 늘었는데, 일자리보다 구직자가 늘어나는 속도가 더 빨랐던 겁니다. 2010년 1월 취업자가 전년 동월보다 오히려 5000명 증가한 것이 이를 뒷받침합니다.

| 최근 실업률 추이 (%)

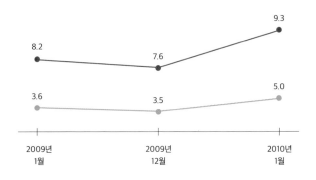

수학시간에 배웠던 것을 떠올려볼까요? 비율은 분자를 분모로 나눠서 100을 곱하면 알 수 있습니다. 어떤 비율이 이전보다 낮은 쪽으로 변화했다면 그것은 분모가 커졌거나 분자가 작아졌기 때문이겠지요. 분자와 분모가 서로 반대로 변하면 비율이 달라집니다. 하지만 분자와 분모가 같은 방향으로 변해도 비율은 달라집니다. 분자도 커지고 분모도 커지지만, 분모가 커지는 비율이 분자보다 크면 전체적인 비율은 낮아질 수 있으니까요. 제가 처음 실업률에 대한 기사를 읽으면서는 이러한 부분을 간과했습니다.

언제 신상품을 출시할 것인가? 새로운 제품의 가격은 얼마로 할 것인가? 새로운 사회적 트렌드에는 어떤 것이 있는가? 등 정답을 찾기 위해 수많은 분석의 과정을 거칩니다. 사회와 시장을 분석하고 미래를 예측하려는 노력은 눈물겹습니다. 선거 때만 되면 갖가지 통계자료를 통해 결과를 예측하지만 들쑥날쑥한 결론으로 오히려 혼란만 가중되기도 하지요. 정치인이나 정부 관료들의 숫자 장난을 종종 보게 됩니다. 비율과 절대량 사이에서 곡예를 하면서 국민들을 현혹시키지요. 아전인수격의 분석을 통해 마치 그것이 사실이고 진리인 양 당당하게 말합니다.

언론, 방송, 책 등을 통해서도 수많은 분석과 마주하게 됩니다. 저마다 분석의 결과를 이야기하지만 그것은 우리가 받아들여야 할 결론이라기보다는 한 번 더 분석해야 할 '분석의 대상'입니다. 세상의 분석이 정교해질수록 우리에게는 그만큼의 숙제가 생기지요. 그래서 우리는 분석을 분석해야 합니다.

'생각해볼 문제' 생각해보셨나요? 부산광역시 구포시장의 손님이 2009년 2월 이후 장날마다 5000명 넘게 늘어난 이유는 구청이 3억여 원을 들여 여성전용 화장실을 지으면서부터라고 합니다. 전혀 상상하지 못한 해결책이었죠? 구포시장 화장실은 제11회 '아름다운 화장실' 대상에 뽑힌 곳입니다. 화장실에서는 향

굿한 향이 나고, 대형 LCD TV가 놓인 휴게실도 갖췄다고 합니다. 생각해보니 저도 식당에 갔을 때 화장실이 깨끗하지 않거나 불편하면 다음에는 그 식당에 가고 싶지 않더라고요. 화장실이 손님을 부르고 있습니다.

질문에게
질문하다

- 첫 번째 질문: 행복하신가요?
- 두 번째 질문: 데이트를 얼마나 자주 하시나요?

두 가지 질문을 드리면서 시작했습니다. 차례로 답변하셨나요? 그럼 오늘도 좋은 선물이 되기를 바라는 마음으로 저의 생각을 공유합니다.

"쓸데없는 소리 하지 말고 공부나 해."
"그런 건 몰라도 된다."

매우 익숙한 말들입니다. 이런 말 언제 들어보셨나요? 어린 시절, 부모님이나 선생님께 질문하던 여러분의 모습이 떠오르시나요? 저도 이런 꾸지람을 종종 듣곤 했습니다. 호기심이 폭발하는 어린 시절, 질문하지 않으면 궁금해서 가슴이 터져버릴 것 같은데, 부모님이나 선생님께 이런 꾸지람을 몇 번 듣고 나면 알아서 참는 법을 배우게 됩니다. 아이들이 쓸데없는 질문을 하는 것은 '학습'인데도 말이죠. 어른들은 우리 아이들이 어른들이 생각하는 '공부'를 할 때만 공부라고 생각하는 것은 아닐까요?

매년 노벨상 수상자가 발표됩니다. '올해는 혹시?' 하는 마음으로 기다렸지만, 고 김대중 전 대통령이 수상한 노벨평화상을 제외하면 아직까지 학문 분야에서 대한민국 국민은 노벨상을 받지 못했습니다. 남의 잔칫날에 박수만 칠 뿐이었죠. 그래서 노벨상 수상자 발표가 있는 날에는 생각이 복잡해집니다. 솔직히 말씀드리면 씁쓸해지죠. 특히 유대인들의 활약은 부러움을 넘어 '절망'을 떠올리게 만듭니다. 2009년 노벨화학상 수상자는 이스라엘에 거주하는 유대인 아다 요나트 박사였습니다. 통계를 보면 부러워서 지게 됩니다.

1901년부터 2009년까지 유대인들은 총 179명의 노벨상 수상자를 배출했습니다. 전체 개인 수상자의 22%를 차지하지요. 2008년에 유대인 기구Jewish Agency가 밝힌 자료에 따르면 유대인 인구는 1천 330만 명 정도라고 합니다. 이 기구가 조사한 통계자료를 보면 현재 이스라엘에는 전체 인구 733만 7천 명 중 550만 명이 유대인이며, 미국에도 530만 명의 유대인이 거주하고 있다고 하네요. 인구가 10억이 훨씬 넘는다는 중국은 2009년도까지 6명의 수상자를 배출했습니다. 인구가 유대인 인구의 약 4배나 되는 우리나라는 단 1명뿐이지요. 그래서 노벨상 수상자 발표 때가 되면 똑똑한 유대인들에 대한 관심은 커져만 갑니다.

유대인들이 놀라운 능력을 발휘하는 이유 중에 하나로 '좋은 질문이 좋은 답보다 훨씬 더 낫다'는 유대 속담에 담긴 교육 철학을 꼽습니다. 유대인들은 항상 의문을 품고 온갖 질문을 하도록 장려하면서 아이들의 사고력을 키워준다는 것이죠. 여러분은 평소에 자주 질문하시나요? 아이들이 질문하면 친절하게 답해주시나요? 질문이 얼마나 중요한지에 대해서 굳이 강조할 필요는 없을 겁니다. '질문은 중요합니다'라는 원론적인 이야기만을 한다면 진정한 '생각의 선물'이 될 수 없겠지요. 그래서 오늘은 '질문'에 대해서 '질문'해보려고 합니다.

저녁 약속이 있어서 친구를 만나러 가는 길에 문자를 보냈습니다.

"뭐 먹고 싶어?"

이런 경우 여러분은 어떻게 대답하시나요? 네, 대부분 '아무거나' 혹은 '네가 먹고 싶은 거 먹자'고 합니다. 그 친구의 답변 역시 저의 예상을 빗나가지 않았습니다. 그래서 이렇게 보냈습니다.

"그럼 네가 세 번째로 좋아하는 거 먹으러 갈래?"

이런 문자를 받으면 여러분은 어떤 반응을 보일 것 같나요? 아마도 제 친구와 크게 다르지 않을 것 같습니다.

"왜 하필 세 번째야? 세 번째는 생각해본 적이 없는데."

우리는 보통 가장 좋아하는 음식, 가장 좋아하는 취미, 가장 가보고 싶은 곳, 가장 좋아하는 사람, 가장 갖고 싶은 물건 등 영어 문법으로 치자면 '최상급'에 관련된 질문에 익숙합니다. 하지만 저는 그런 '질문'에 '질문'을 던져봤습니다. '최상급' 질문에 익숙한 우리는 여전히 삶의 중요한 일부를 차지하고, 여전히 '나'의 일부를 차지하고 있는 두 번째, 세 번째 등 여러 가지 것들에 별로 고민하지 않게 되는 것 같습니다. 제 문자메시지를 받은 친구는 오랜만에 자신이 두 번째, 세 번째 좋아하는 음식이 무엇인지 고민해봤을 겁니다. 세번째 좋아하는 음식이 뭔지 알기 위해서는 첫 번째뿐 아니라 두 번째가 무엇인지 알아야 답을 찾을 수 있을 테니까요.

보통 입사 면접 혹은 진학을 위한 면접을 보기 전에 '가장 감명 깊게 읽은 책' '가장 감명 깊었던 영화' '가장 소중했던 경험' 등에 대한 답변은 미리 준비하는 경우가 많습니다. 그래서 답변을 미리 외워서 대답하는 경우도 있고, 실제로 존재하지 않는 것을 존재하는 것처럼 억지로 만들어내기도 하지요. 예를 들면 그럴 듯한 책과 영화 등을 '가장 좋아하는 것'으로 선정해서 답변을 위한 답을 준비하기도 합니다. 그런 대답 속에는 솔직하고 진실한 '나'가 존재하기 어렵겠지요. 그래서 저는 면접을 볼 때 다르게 질문합니다.

학생이 읽은 책 중에 세 번째로 감명깊었던 책은 무엇인가요? 어떤 점에서 감동적이었나요?
대학교 때 했던 경험 중에 두 번째로 후회스러웠던 경험은 무엇이었나요? 왜 그렇게 생각하나요?

자신이 지키고 싶은 가치 중에 네 번째로 소중한 가치는 무엇입니까? 그 가치를 지키기 위해 어떤 노력을 하고 있습니까?

처음 이런 질문을 받은 학생들은 당황합니다. 평소에 많은 생각과 고민을 하지 않는다면 쉽게 대답할 수 없는 것들이니까요. 그것이 바로 제가 이런 질문을 던지는 이유입니다. 단지 면접을 위해서 생각하는 것이 아니라 평소에 자기 자신에 대해서, 자신의 경험에 대해서, 자신이 지키고 싶은 가치에 대해서 생각하는 경험을 갖기를 원하기 때문이죠. '최상급' 질문에 익숙한 학생은 '최상급'에 해당하는 하나만 생각하고 멈춰버릴지도 모르니까요. 진지하게 '나'와 '삶'을 고민하기를 바라지, 답변하기 위한 피상적인 고민만으로 대학생활을 보내버리게 하고 싶지는 않았기 때문입니다. 이제 친구, 연인, 자녀를 위해 어떤 질문을 하면 좋을지 떠오르기 시작했나요?

질문에게 던지고 싶은 또 다른 질문이 있습니다.

"이번 시험에 몇 등 했어?"
"몇 점 맞았어?"
"토익 몇 점이야?"

이 질문들의 공통점은 무엇일까요? 답변하는 사람이 별

로 생각할 필요가 없는 질문들이라는 겁니다. 대화는 쉽게 단절되지요. 매우 간편하지만 씁쓸한 Q&A로 끝나고 맙니다. 그리고 과거나 현재 상태에 대한 관심은 가득한데 '미래'에 대한 고민은 부족한 질문이지요. 이렇게 질문해보는 것은 어떨까요?

다음 시험에 지금보다 더 잘하려면 어떤 점을 계속 꾸준히 지켜 나가고, 어떤 점을 개선해야 할까?
공부를 잘하는 사람은 어떻게 사회를 위해 기여할 수 있을까?
너의 꿈을 이루기 위해서는 어떤 대학이 적합할까?

이외수 선생님은 하나의 경험은 하나의 지혜라고 하셨습니다. 저는 하나의 질문 역시 하나의 지혜가 될 수 있다고 생각합니다. 질문을 하는 이유는 내가 궁금한 것을 알아내는 것에만 있지 않습니다. 그것은 이기적인 질문이죠. 다른 사람이 생각을 할 수 있도록 돕기 위해서도 질문할 수 있습니다.

강의를 하다 보면 여러 가지 질문을 받게 됩니다. 질문하는 사람의 '질문'에도 '질'이 있습니다. '촌철살인'의 질문으로 저에게 새로운 생각을 할 수 있는 기회를 제공해주시는 분도 많이 있는 반면, 질문만 10분을 넘게 하시는 분도 만나봤습니다. 그런 경우는 보통 한참 사설을 늘어놓으시다가 정작 자신이 어떤 질문을 해야 할지 몰라서 끝을 얼버무리시는 경우가 많지요. 어떤 질문을 해야겠다는 생각이 명확하지 않을수록 질문은 길어지게 마련입니다. 어릴 적 국어 교과서에서 '글이 사람이다'라는 문구를 본 적이 있습니다. 글을 보면 그 사람이 어떤 사람인지 알 수 있다는 말이겠지요. 저는 제가 받는 질문을 통해서 '질문이 사람이다'라는 것을 경험하고 있습니다. 여러분이 하는 '질문'에게 '질문'해 봅시다. 다양하고 새로운 내용과 방법으로 질문을 던져봅시다. 여러분의 질문이 다른 사람에게는 '선물'이 될 수 있습니다.

　　두 가지의 질문을 드리면서 시작했습니다. 이번에도 두 가지 질문을 드리면서 마무리하겠습니다.

· 첫 번째 질문: 행복하신가요?
· 두 번째 질문: 데이트를 얼마나 자주 하시나요?

생각해볼 문제

'얼마나 행복한가?'라고 물은 후에 '데이트를 얼마나 자주하는 가?'를 물어보면 이 두 질문의 상관관계는 11%라고 합니다. 그런 데 같은 질문을 순서만 바꿔서 해도 두 질문의 상관관계는 62%로 급격히 높아진다고 하네요. 질문의 내용과 방법만 중요한 것이 아니라 질문의 순서도 중요하다는 것을 배우게 됩니다.

비하인드
스토리

평생을 함께하신 이 노부부에게는
사람들이 모르는 얼마나 많은 비하인드 스토리가 있을까요?
행복한 노부부를 보면 그분들의 비하인드 스토리가 궁금해집니다.
희노애락의 영화일 테니까요.

비하인드 스토리 좋아하시죠? 영어로 말하면 뭔가 신비롭기까지 합니다. 상황에 따라 여러 가지 느낌으로 다가옵니다. 비하인드 스토리를 공유하는 친구들은 '친밀감'을 느낄 것이고, 안 좋은 소식을 담은 시사 프로그램에서 접하게 되는 비하인드 스토리는 '의혹'의 또 다른 이름이 됩니다. 늘 새로운 것, 비밀스러운 것을 좋아하는 인간에게 비하인드 스토리는 우연히 발견한 보물상자를 열어보는 기분을 느끼도록 도와줍니다. 많은 분들이 제 첫 책인『죽은 열정에게 보내는 젊은 Googler의 편지』가 어떻게 세상에 나오게 됐는지 궁금해하셨습니다. 오늘은 그것에 대한 비하인드 스토리로 시작합니다. 자, 개봉박두!

    몇 년 전이었습니다. 참 술을 많이 마신 날이었죠. 그런데 제가 마신 술의 양만큼 쉽게 취하지도 않았습니다. 왜 그랬을까요? 첫 책을 낸다는 설렘으로 부족하지만 열심히 원고를 썼습니다. 저는 마치 선배와 후배가 소주잔을 앞에 놓고 진솔하게 대화하는 느낌의 책이길 원했습니다. 그래서 편한 어조로 진솔함이 묻어날 수 있게 쓰려고 노력했지요. 하지만 제 원고에 대한 출판사 측의 답변은 '이것은 책보다는 블로그에 더 적합한 글입니다'였습니다. 출판을 할 수 없게 된 것이죠. 제 이름으로 된 책을 갖는다는 것이 어릴 적에 그랬듯이 다시 막연한 꿈처럼 보이던 순간이었습니다. 그래서 친한 친구들과 술을 마셨던 겁니다. 하지만 제 몸은 취하는 기능보다 생각에 잠기는 기능에 더 몰입하고 있었기 때문인지 주량을 넘겨가며 술을 마셨지만 살짝 비틀거리며 걸을 수 있는 정도를 유지했습니다.

평소 퇴근 후에 집으로 향하며 항상 걷는 어두운 골목길. 그런데 그날은 그 길이 참 낯설게 느껴지더군요. 허탈함으로 가득 찬 사람의 눈에는 세상도 그렇게 보이나 봅니다. 뚜벅뚜벅, 비틀비틀. 지나가는 행인들에게는 뚜벅뚜벅과 비틀비틀이 만나면 어떤 걸음이 되는지 저를 통해 확인할 수 있었던 밤이었을 겁니다. 집으로 향하는 골목길에는 작은 출판사가 하나 있었습니다. 늦게 퇴근하는 날이면 어김없이 불이 꺼져 있었던 것으로 기억합니다. 그런데 그날은 환하게 불이 켜져 있었습니다. 술김이었을까요? 아니면 용기였을까요? 저는 출판사 문을 두드렸습니다. 잠시 후 출판사 안에서 전통한복을 입은 중년의 남자가 문을 열었습니다.

"무슨 일이신지요?"

"네, 저는 이 동네에 사는 주민입니다. 이 시간에 퇴근하면 항상 불이 꺼져 있었는데 오늘은 불이 켜져 있길래 저도 모르게 문을 두드려 봤습니다. 괜찮으시다면 잠깐 들어가도 될까요?"

밤 늦게 술에 취한 젊은 남자가 문을 두드렸고, 대뜸 들어가도 되겠냐는 황당한 요구에도 그 중년의 남자는 조금도 당황하지 않으셨습니다. 그분이 바로 소금나무 출판사의 박원석 대표님이셨습니다. 좁은 공간에 놓인 작은 식탁에 앉았습니다. 아무런 말도 하지 않았는데 대표님은 맥주와 마른안주를 내오셨지요. 그렇게 대화는 시작되었습니다.

"지난 1년 동안 주말을 반납해가며 글을 썼습니다. 제 생각과 경험을 누군가와 공유할 수 있다는 생각만 해도 가슴이 벅차오르던 순간이었죠. 원고가 완성되었고, 이미 출판하기로 약속한 출판사에 원고를 보냈습니다. 하지만 제 글이 마음에 들지 않았나 봅니다. 출판이 어렵겠다고 하더군요. 그래서 술 한잔 했습니다. 이런 날에 출판사 앞을 지나가다 보니 저도 모르게 문을 두드리게 된 것 같습니다."

"그러셨군요. 혹시 그 원고를 제가 한번 읽어볼 수 있을까요?"

대표님과의 진솔한 술자리는 새벽 3시가 넘어서야 끝났던 것으로 기억합니다. 집에 가자마자 대표님께 원고를 보내드리고 잠이 들었습니다. 다음 날 대표님께 걸려온 전화벨 소리에 잠에서 깼지요.

"태원 씨, 오늘 바로 출간 계약합시다."

제 원고를 밤새 읽으셨던 겁니다. 그렇게 제 첫 책인 『죽은 열정에게 보내는 젊은 Googler의 편지』는 시작되었습니다. 제가 익숙한 골목길에 있는 출판사 문을 두드리지 않았다면, 출판사 대표님이 취한 어느 젊은이의 두드림에 긍정적으로 반응해주시지 않았다면 저는 여러분을 만날 수 없었을지도 모릅니다. 우연과 운명의 애매한 경계를 오가는 경험이었습니다. 하지만 저는 이 모든 것이 결국은 박원석 대표님이 마음을 열고 문을 열어주시고, 제 이야기를 들어주시고, 제 원고를 밤새 읽어주셨기 때문이라고 생각합니다. 마음을 잘 표현하지 못하는 경상도 남자가 이렇게 글을 통해 뒤늦게 감사의 마음을 전합니다.

　　처음 책을 손에 들게 되면 자연스럽게 저자가 어떤 사람인지 궁금해집니다. 그래서 첫 장을 넘기지요. 언제부터 맺어진 약속인지는 모르지만, 책의 앞날개에는 저자에 대한 소개가 우리를 기다리고 있어야 합니다. 혹시 제 첫 책 『죽은 열정에게 보내는 젊은 Googler의 편지』를 보신 적이 있나요? 그 책을 처음 접한 독자분들도 첫 장을 넘겨서 도대체 김태원이라는 인간이 어떤 녀석인지 살펴보셨을 겁니다. 주로 대학생활에 대한 이야기를 담아놓은 책이었기 때문에, 저자 소개에도 공모전, 인턴, 여행, 동아리 활동 등 대학교 시절의 경험들을 주로 써놓았지요. 그중에는 '청담고-고대 동문회장'이라는 이력도 포함되어 있었습니다. 27살밖에 되지 않은, 어쩌면 아직 세상이라는 것이 무엇인지 제대로 접해보지도 못한 것처럼 보이는 나이 어린 저자가 책을 썼다는 것 자체가 어떤 분들의 마음을 불편하게 했을 수도 있을 겁니다. 게다가 자기계발서라는 것이 마음을 열지 않으면 쉽게 펼칠 수 없는 책이라 그리 유쾌하지 않을 수도 있었겠죠. 그래서 자기계발서는 '어느 엄친아의 자랑담' 혹은 '나도 이미 아는 것을 여러 가지 미사여구로 치장해놓은 것'이라는 불명예스러운 슬픈 운명을 감수해야 하는 경우도 많습니다.

혹시나 하며 『죽은 열정에게 보내는 젊은 Googler의 편지』의 첫 장을 넘겼다가 '청담고-고대 동문회장'이었다는 부분을 접하고는 역시나 하며 책을 덮으신 분도 가끔 만났습니다. 그분들은 책을 읽기도 전에 '강남에서 부잣집 아들로 태어나 남들은 꿈꿀 수도 없는 사교육으로 점수를 높이고, 어릴 때부터 접한 해외 경험으로 외국어는 자연스레 유창하게 하는 엄친아'의 모습을 그리셨습니다. 어떤 분은 자신의 블로그에 '나는 이런 부잣집 엄친아가 자랑질하는 책이 제일 짜증난다'고 쓰시기도 했지요.

아시는 분도 계시겠지만 저는 그런 소위 '갖추고 태어난 엄친아'가 절대로 아닙니다. 저는 경북 상주에서 태어난 촌놈이지요. 슈퍼마켓 하나 없는 '깡시골'에서 저는 소, 도토리, 과수원, 논밭 등을 친구 삼아 지냈습니다. 장난감이 필요하다는 생각을 별로 해본 적도 없습니다. 들판과 길거리에 널려 있는 돌들을 주워다가 '자동차' '비행기'라고 이름 붙이면 어린아이의 눈에 어느새 돌은 변신을 시작합니다. 당시만 해도 메뚜기가 참 많았습니다. 자연이 제공해준 간식이었지요. 시골에서 태어나 논둑으로 소를 끌고 다니며 노을을 맞이했습니다. 어린 저에게도 소똥을 치우는 일은 예외가 될 수 없었지요. 장날이면 하루에 세 번밖에 없는 버스가 마을에 도착하기를 기다렸습니다. 읍내에 가신 할머니께서 맛있는 치킨을 사오실지도 모르거든요. 과자가 없어서 온갖 산나물이나 과수원에 있는 자연의 맛을 경험했습니다. 뒷산에 올라가 주운 도토리를 팔아서 영화를 보고 토마토 케첩이 듬뿍 발린 핫도그를 사먹었던 기억이 생생합니다. 12살 때까지 으뜸가는 촌놈으로 살다가 서울로 전학을 하게 되었고, 그곳이 청담초등학교였습니다. 집이 갑자기 부자가 되어서 전학을 갔던 것은 아닙니다. 시골 선생님들의 권유와 부모님의 힘든 결정이 있었지요. 서울에 전학 온 후 대학에 입학하기 전까지 저는 땅 위에서 살아본 적이 없습니다. 드라마에서 어둡고 습한 지하방에서 세들어 있지만 꿈을 위해 열심히 살아가는 소시민의 모습을 보며 저 자신을 투영시켰던 적도 있고, 그러면서 희미한 희망을 가져보던 그런 아이였지요.

책 출간을 얼마 남겨두지 않은 날이었습니다. 마지막으로 전체적인 구성을 점검하고 혹시나 오자는 없는지 모든 신경을 곤두 세우고 집중하던 시기였죠. 저는 갑자기 출판사 대표님께 전화를 걸었습니다.

"대표님, 제가 어렵게 지내던 시절에 대한 이야기를 맨 마지막에 넣어주십시오."

왜 출간을 얼마 남겨놓지 않은 시기에 책의 구성을 바꾸려고 했을까요? 그리 중요해 보이지도 않는 이야기 같은데 말이죠.

그 이유는 마음을 열고 제 책을 끝까지 읽어주신 분들께 선물을 드리고 싶었기 때문입니다. 아마 저자 소개를 읽고 저에 대한 이런저런 편견을 가졌을지도 모릅니다. 하지만 마음을 열고 부족한 제 이야기, 저의 생각에 귀를 기울여주시고 끝까지 책을 읽어주신 분들은 마지막에 알게 되겠지요. '김태원이라는 녀석은 처음에 오해했던 그런 부잣집 엄친아가 아니라 이런 과거가 있는 친구구나' 하고요. 혹시 저에 대해 오해를 하며 글을 읽으셨던 분도 마지막에 가서는 자신이 오해했음을 깨닫고 반성의 시간을 가지셨을지도 모릅니다. 그리고 시골 소년 김태원의 모습을 떠올리며 책의 전체적인 내용을 다시 한 번 음미하는 기회를 가지게 될 겁니다.

"사람을 대할 때, 책을 읽을 때 마음을 열어야 합니다."

이렇게만 말하고 끝내버리면 학창시절 아침조회 시간에 지루한 교장선생님 말씀을 또 듣고 있는 기분이 들지도 모릅니다. 그래서 저는 그렇게 말하기보다는 책의 구성을 변경하면서 독자님들을 위해 마음을 열면 얻을 수 있는 작은 선물을 준비했던 거지요. 실제로 독자님들이 보내주신 메일 중에는 저에 대한 '오해'로 책 읽기를 시작하셨다가 책 마지막 부분에서 그것이 아닌 것을 알고는 마음을 열지 못하고 편견에 사로잡혀서 책을 읽었던 자신이 부끄럽다고 고백하는 메일도 있었습니다.

첫 책이 있었기에 두 번째 책을 쓸 수 있었습니다. 첫 책

덕분에 많은 사람들에게 저의 존재가 알려지게 된 것도 사실입니다. '처음'은 언제나 쉽게 잊을 수 없다고 하지만, 제가 첫 책인 『죽은 열정에게 보내는 젊은 Googler의 편지』에 얼마나 많은 빚을 지고 있는지를 잘 알고 있습니다. 많은 사람들이 책을 내고 가장 많이 얻은 것이 무엇이냐고 물어보셨지요. 인세, 유명세 등 여러 가지 답변을 생각하셨을 겁니다. 저는 그때마다 이렇게 대답합니다.

"무엇보다 독자님들을 만나게 된 것이죠. 저의 부족한 생각이 어느 한 사람의 삶에 힘이 될 수 있다는 것은 아직도 믿을 수 없는 영화 같은 일입니다. 독자님에게 제 책이 작은 선물이 될 수 있어서 감사드립니다. 하지만 책을 내고 저도 아주 큰 선물을 받았습니다. 그것은 비로소 저도 책을 사랑하게 됐다는 것입니다. 책을 써보니 책 하나가 세상에 나오기 위해서 얼마나 깊은 고민과 얼마나 긴 외로움과 얼마나 많은 사람들의 노력이 필요한지 알게 됐거든요. 그래서 서점에 가면 모든 책이 예뻐 보이지요. 그래서 대학교 때보다 훨씬 더 바빠졌지만 독서량은 두세 배 많아졌습니다. 책을 사랑하게 됐기 때문이지요."

이미지 속 여자의 이름은 무엇일까요? 네, 빅토리아입니다. 이 여성의 이름이 완성되기 위해서는 영어 알파벳 'O'가 필요하지요. 이것은 헌혈 광고입니다. 'O'가 들어가야 빅토리아의 이

름이 완성되듯이, 많은 사람들이 생명을 이어가기 위해 'O'형의 피가 필요하다고 말하고 있습니다. 실제로 그렇습니다. 어떤 사람에게는 O형의 피가 생명과도 같습니다. 하지만 여기 A형, B형, AB형, O형에 관계없이 모두에게 필요한 것이 있지요. 그것은 O형의 피가 아니라 바로 'O'pen Mind입니다.

책이라는 것은 혹은 저자라는 사람은 스마트폰으로 은행 업무를 하고 서로 얼굴을 보며 통화하는 디지털 시대에도 여전히 지적 의상을 입고 있습니다. 그리고 저도 아직은 매우 허름하지만 27살 때부터 '저자'라는 너무나 어색하고 부담스러운 지적 의상을 입게 되었습니다. 그리고 책을 통해 열린 마음을 가진 독자분께 작지만 소중한 선물을 할 수 있었지요. 이제라도 책을 사랑하는 사람이 됐다는 것은 앞으로 제가 더 의미 있는 삶을 살 수 있도록 도와줄 겁니다. 뭔가 더 많은 비밀이 담긴 비하인드 스토리를 기대하셨다면 조금 실망하셨을지도 모릅니다. 하지만 저에게 벌어진 이 모든 것들이 '열린 마음'에서 시작했다고 생각합니다. 능력의 문제, 학벌의 문제, 경제력의 문제, 외모의 문제 등 살아가다 보면 이겨내기에는 너무도 벅찬 문제들과 마주하게 됩니다. 하지만 적어도 오늘 함께한 '비하인드 스토리'는 '열린 마음의 문제'였습니다. 우리도 충분히 할 수 있는 것들이죠. 그래서 희망을 가져봅니다.

아래 그림은 '착시'를 설명할 때 많이 보셨던 것입니다. 주변 원의
크기에 따라 가운데 원의 크기가 달라지는 것처럼 보이는 착시입
니다. 가운데 원의 크기가 다르게 보이도록 만드는 착시의 원인은
주변 원의 크기에 있습니다. 가운데 있는 원이 여러분 자신 즉 '본
질'이라면 겉에 있는 원들은 본질을 다르게 보이도록 만드는 편
견, 오해, 선입관 등이 될 겁니다. 여러분의 본질을 오해하게 만드
는 주변의 원 같은 것들은 무엇인가요? 여러분은 어떤 사람을 본
질이 아닌 주변 원의 크기로 판단하고 계시지는 않는지요?
아래 그림에서 가운데 있는 두 원의 크기가 같은지 확인하려면 본
질을 흐리는 주변의 원들을 제거하면 됩니다. 주변의 원들에 해당
하는 것들을 적어보세요. 그리고 머릿속에서 하나씩 지워나가시
기 바랍니다.

멘토를
만나는 방법

어디로 가는지도 모른 채
사막을 혼자서 외롭게 걷고 있다고 느껴지는 경우가 있습니다.
멘토가 절실하지요.
어떻게 하면 멘토를 만날 수 있을까요?

아이슬란드에서 화산이 폭발했습니다. 화산재는 바람을 친구 삼아 유럽 전역의 상공으로 퍼지기 시작했지요. 최첨단 장비를 갖춘 비행기는 꼼짝도 할 수 없었습니다. 아무리 좋은 기술과 장비도 결국 '사람의 눈'을 대신할 수는 없었죠. 하늘 위의 항공모함이라고 불리는 에어버스사의 A380 여객기도 늘 어딘가를 향해 가기만 하다가 이번에는 공항 한구석에 덩그러니 앉아 기다림의 미덕을 배우는 시간을 가졌을 겁니다. 자연이 얼마나 무서운 것인지 깨닫는 시간도 가졌겠지요. 회사의 사활이 걸린 중요한 고객과의 미팅을 위해 영국으로 가야 했지만 그저 유유히 세력을 넓혀가는 화산재 앞에서 마음만 졸여야 했던 비즈니스맨이 있었을 것이고, 파란 하늘처럼 설렘으로 가득했던 여행객의 마음에는 마치 화산재 같은 회색빛 안타까움이 차올랐겠지요. 반면에 '계획대로' 할 수 없는 상황에서 '계획에도 없던' 진짜 여행을 경험하는 선물을 받은 여행객도 있었을 겁니다. 화산재가 아니었다면 공항에서 눈물을 흘리며 진한 이별의 포옹을 했을 젊은 연인은 조금이라도 함께할 수 있는 시간을 가질 수 있었을 테니 회색 하늘 아래에서도 사랑은 붉은 열정의 빛을 잃지 않았을 겁니다.

유럽의 항공대란 때문에 사람들은 비행기를 대신할 교통수단을 찾아 떠났습니다. 덕분에 열차업계는 쾌재를 불렀습니다. 자료에 따르면 열차사이트 방문자 수가 67%나 증가했습니다 (Source: Hitwise, figure for week following 19th April). 사람들은 자신의 목표를 막는 어떤 장애물이 나타나면 이렇듯 장애물을 극복하기 위해 대안을 찾습니다.

경제가 어렵습니다. 취업은 더욱 어렵지요. 꿈꾸는 것조
차 힘겹게 느껴지는 요즘 젊은이들의 희망과 절망에 대한 이야기
가 한창입니다. MBC 100분 토론에서도 20대의 절망과 희망에 대
해 120분 특집 방송을 했습니다. 저도 패널로 참가해서 우리 20대
가 직면한 어려움을 진단하고 희망을 찾아보는 자리에 함께했습
니다. 여전히 희망보다 절망이 더 무거운 것 같아 안타까웠지요.
그래서 멘토가 절실한 시절입니다. 하지만 우리 젊은 친구들의 속
상한 마음을 쉽게 달래줄 수는 없을 것 같습니다. 대학생들은 대
학 사회에 선배는 너무도 많지만, 멘토는 만나기 어렵다며 하소연
하기 때문입니다. 선배들도 자기 앞가림만으로도 숨을 헐떡여야
할 지경이다 보니 다른 사람에게 손을 내밀어줄 여유가 없습니다.
항공대란이라는 장애물을 넘기 위해 평소보다 67%나 많은 사람
들이 열차사이트를 방문해서 대안을 찾지만, 우리 젊은이들은 장
애물을 만나도 갈 곳이 별로 없습니다.

강의나 책을 통해서 많은 분들과 소통하다 보니 멘토가
되어달라는 요청을 많이 받습니다. 자신의 멘토가 된 것을 축하한
다는 깜찍한 표현을 하는 중학생도 있고, 자살하려고 했던 과거를
고백하는 힘겨운 고등학생도 있었습니다. 취업과 미래를 고민하
는 대학생, 새로운 도전 앞에서 용기를 잃고 망설이는 인생 선배
님들도 계십니다. 후배에게 멘토가 되어달라고 말씀하시는 넓은

포용력을 오히려 제가 배우고 있습니다. 현실적으로 자주 만날 수도 없고, 그저 메일과 메신저를 통해서 혹은 가끔 강연회 등을 통해서 만날 수 있는 사이일 뿐인데도 많은 분들의 요청은 끊이지 않습니다. 감사한 일이지만 그만큼 조심스럽기도 합니다. 제가 그분들에게 힘이 될 수 있다는 것이 믿어지지 않을 만큼 감동적이지만, 저 역시 멘토의 따뜻하고도 따끔한 관심이 필요한 방황하는 청춘이기 때문입니다.

도대체 멘토란 무엇일까? 어떤 사람이 멘토가 되어야 할까? 좋은 멘토를 만나기 위해서는 어떻게 해야 할까? 어느새 그분들의 고민과 저의 고민은 같은 길 위에 있었습니다. 멘토의 정의를 알아보고자 사전의 힘을 빌렸습니다.

Mentor
- An experienced and trusted adviser
- An experienced person in a company or school who trains and counsels new employees or students

경험이 많고 신뢰할 수 있는 조언자를 멘토라고 하는군요. 뭔가 부족하다는 생각이 들었습니다. 도대체 멘토란 무엇인지, 저는 지금까지 어떤 멘토를 만났는지 곰곰이 생각해봤습니다. 제가 태어난지 11,107일 되던 날 밤이었습니다. 11,107일이라는 긴 시간의 여행 속에는 수많은 멘토가 있었습니다. 너무 많아서 모두 소개할 수도 없겠네요. 그저 생각나는 대로 소개하려고 합니다. 다음 글을 잘 읽어보세요. 멘토를 만나는 새로운 방법이 숨어 있으니까요.

책을 읽으면서 얼마나 가슴이 두근거리고 순간순간 뜨거워졌는지 모르겠습니다. 환한 낮에 책을 읽기 시작했는데 책을 덮을 무렵은 이미 캄캄한 밤이었죠. 일요일 저녁, 내일을 위해서 준비해야 할 것도 많고 또 다른 해야 할 일도 어서 시작해야 하는데, 뛰는 가슴 때문에 안절부절못하고 한참 동안 생각에 잠겨 있었습니다. 처음 대학생활을 시작하면서 가졌던 열정이 제게는 가득했습니다.

내일 아침이 기대되고, 그 설렘 때문에 쉽게 잠을 이루지 못할 만큼 열정으로 가득했던 시간들이었죠. 그런데 학기가 끝난 후 문득 누구보다도 치열하고 바쁘게 한 학기를 보냈는데 정작 남은 것이 없는 저 자신의 모습을 깨닫고 나서 한동안 몸도, 마음도 흔들렸던 시간이 있었습니다. '나한테 주어진 시간을 어떻게 보내는 것이 잘하는 일인가, 그리고 내가 진짜 원하는 것은 무엇인가' 하는, 사춘기 때나 어울리는 고민을 하느라고요. 지고 가기 벅찬 많은 고민들을 하느라 제게는 이번 뜨거운 여름이 참 힘든 시간이었습니다. 무엇인가를 시작했다가 또 그만큼 큰 상처를 입을 것 같아 시작하기 두려운 마음이었고, 무기력하게라도 지금 이 모습 그대로 잠시만 쉬어가고 싶은 마음도 있었습니다.

그런 제가 개강을 하루 앞두고 형의 책을 읽을 수 있었던 것이 얼마나 큰 행운인지 모르겠습니다. 대학생활을 시작하면서 강하게 타올랐던 제 불꽃이 한동안 슬럼프에 빠지면서 오랫동안 꺼져 있었습니다. 그 불꽃을 다시 태운 것이 형의 한마디 한마디였어요. 우연히 만나게 된 김태원이라는 사람을 가슴속에 담고서, 그리고 그 열정을 안고서 이제 다시 새로운 발걸음을 내디뎌보려고 합니다. 어떤 식으로든 다음에 태원 형을 만나게 됐을 때 활짝 웃으면서 저 자신을 솔직하게 내보일 수 있도록 자랑스러운 사람이 되고 싶습니다. 그것이 형의 책을 통해서 제가 받은 열정에 대해 조금이나마 보답할 수 있는 방법이겠죠. 아마 올해 초의 저였다면 치열하게 달려가는 것만이 열정이라고 생각하고 그렇게 아무 계획도, 방향성도 없이 그저 많은 일들을 하면서 빡빡한 스케줄을 소화해내는 것이 열정 있는 삶을 사는 것이라고 생각했겠죠. 그렇지만 진짜 열정은 그런 것이 아니라는 생각을 해봤습니다. 목표 있는 분주함, 그리고 살면서 중요한 것들을 바라볼 수 있고 놓치지 않으면서 달려 나가는 것이 진짜 열정이라는 생각이 들었습니다. 젊은 구글러, 형 덕분에요.

형, 영화 〈밀양〉 보셨어요? 전도연 씨가 칸 영화제에서 여우주연상을 받았던 그 영화요. 저는 그 영화를 보고 나오면서 이런 생각을 했습니다. 보는 사람을 참 힘들게 만드는 영화지만, 나중에 살아가다 시간이 나면 한두 번쯤 더 보고 깊은 생각을 해볼 만한 영화라고요. 아직은 열정이 아니라 치기만 가득할지 모를, 그리고 배워나가야 할 것도 알아야 할 것도 많은 제 스무살 대학생활에 형의 책은 앞으로 좋은 길잡이가 될 것 같습니다. 한없이 깜깜하기만 한 제 길에 작은 등불을 켜주셔서 감사합니다. 형 생각하면서 힘내고, 형 생각하면서 무엇이든 더 열심히 해보겠습니다. 그리고 언젠가 자신 있게 형 찾아가서, 제가 그때 형한테 편지 쓴 그 녀석이라고 인사 청하겠습니다. 그때까지 형도 지금 그 모습 잃지 말고, 건강하게 계시기예요!

2008년 8월 31일. 유난히 무더웠던 여름도 제풀에 슬슬 지쳐가던 때였습니다. 그해 여름보다 뜨거운 열정을 지닌 어느 대학생에게서 메일이 왔습니다. 메일을 보내주신 분의 이름은 정태웅. 이 글이 너무 늦지 않게 여러분을 만나게 된다면 지금도 대학생일 겁니다. 제 책이 이 친구의 열정이 움직이는 데 작은 자극이 되었나 봅니다. 감사한 마음으로 메일을 읽었고, 이 학생이 메일에 써놓은 것들이 모두 현실이 되기를 바라는 마음으로 메일함을 닫았습니다. 그저 '언젠가' 만날 수도 있겠구나 하는 막연한 기대만이 있었던 것도 사실입니다.

2010년 8월 15일. '대학생이 졸업하기 전에 꼭 해야 할 5가지'라는 강연회에서 강의를 했습니다. 5명이 한 가지씩 주제를 잡고 진행하는 강연회에서 저는 '멘토를 만나기'라는 주제로 강의를 했습니다. 입장료가 5천 원인 강연회지만, 수익금은 전액 좋은 일을 위해서 사용한다는 말에 강연을 수락했습니다. 이 강연회를 주최한 곳은 정태웅 씨가 만든 사회적 프로젝트 그룹 더 세컨드 브레인The Second Brain입니다. 정태웅 씨가 존경하는 사람들의 경험과 지식과 시간을 기부받아 더 많은 이들을 위해 사용하는 것이죠. 사실 정태웅 씨는 멘토가 될 만한 분들의 강연회를 쫓아다니며 열심히 강의를 듣고, 기록하고, 공유하는 열정도 대단합니다. 저는 강연 도중에 정태웅 씨 사진이 담긴 슬라이드를 띄웠습니다.

"이 강연회를 주최한 정태웅 씨입니다. 여러분과 같은 대학생이죠. 이 친구는 한때 멘토가 절실했던 방황하는 대학생이었습니다. 태웅 씨가 저에게 처음 보냈던 메일이지요(정태웅 씨가 저에게 처음 보낸 메일의 일부를 읽었습니다). 그런데 지금은 다른 대학생들을 위해서 혼자서 발로 뛰며 이렇게 멋진 강연회를 주최하고 있습니다. 이제는 대학생의 멘토나 다름없다고 생각합니다."

저는 태웅 씨를 보면서 멘토를 만날 수 있는 방법을 발견했습니다. 멘토를 만나는 방법은 바로 스스로가 누군가의 멘토가 되기 위해 노력하는 것이죠. 하늘은 스스로가 돕는 자를 돕는다고 한 것처럼요. 누군가의 멘토가 될 자격이 있는 사람이 되겠다는 꿈을 갖고 열정을 움직이는 사람은 멘토를 만나게 됩니다. 다른 대학생들을 위해 이렇게 멋진 강연을 주최하려는 노력에 감동한 강연자 분들은 아무런 대가 없이 태웅 씨를 도와줍니다. 정태웅 씨가 한때 멘토로 생각했던, 그토록 만나고 이야기하고 싶었던 사람들입니다. 어떤 학생들은 치열한 노력도 없이 그저 무미건조한 나날을 보내는 자신을 구제해줄 멘토가 나타나길 바랍니다. 하지만 꿈을 위해, 멋진 가치를 위해 노력하지 않는 사람에게 멘토는 저절로 나타나지 않습니다.

그날 강연회가 끝나고 태웅 씨는 생애 처음으로 누군가에게 사인해달라는 요청을 받았다고 합니다. 2010년 8월 15일은 멘티였던 한 대학생이 다른 대학생의 멘토가 되는 날이었습니다. 멘토가 되기 위해 노력하는 멘티는 멘토를 만납니다.

어릴 적 자주 하던 놀이 기억하시죠? 색종이를 반으로 접어 한쪽을 자르면 반대쪽에 같은 모양이 나타납니다. 사람 모양으로 자르니 마치 낭떠러지로 떨어지는 사람을 다른 사람이 잡아주고 있는 모습이네요. 두 사람의 모양이 같으니 바로 나 자신이 떨어지는 나를 잡아주는 것이나 마찬가지입니다. 이 광고는 '자살방지 캠페인'을 위해 만들어졌습니다. 어려운 경제사정 때문에 결코 쉽지 않은 학창시절이나 사회생활로 자신이 저 깊은 골짜기로 떨

어지는 것 같은 느낌이 들곤 할 겁니다. 멘토의 도움이 절실한 상황이지요. 하지만 자기 자신이 스스로를 잡아주지 못한다면 멘토의 도움도 아무 소용이 없습니다. 멘토가 나타나서 자신을 도와주기만을 바라지 말고, 먼저 자기 자신을 꼭 잡아주고 어떻게 하면 누군가에게 도움을 줄 수 있는 멘토가 될 수 있을지 생각합시다.

생각해볼 문제

스물다섯 살에 비틀거리는 자신이 싫다고 했는가?
스물다섯 살에 비틀거리는 건 너무나 당연한 일이다.
나는 지금도 비틀거린다.
비틀거리지 않는 젊음은 젊음도 아니다.
비틀거리는 것이 바로 성장통이기 때문이다.
그러니 비틀거린다고 자책하지 마시길.
누구나 비틀거리면서 큰다.
당신도 그렇고 나도 그렇다.

한비야

이 글을 읽으면서 비틀거리는 저 자신을 싫어했던 25살 때가 떠
올랐습니다. 그때 저는 정말 비틀거리고 있었을까요? 문화인류학
에 '안락의자 인류학자Armchair Anthro-pologist'라는 표현이 있습니다. 현
장연구를 무시한 채 연구실에 앉아서 스스로의 추측과 짐작에 의
존해 연구하는 인류학자를 일컫는 말이지요. 하지만 '현장'에 뛰
어들지 않고서는 훌륭한 인류학자가 되기 어렵습니다.
그동안 '안락의자형 멘티'를 많이 만났습니다. 자신은 몸을 던져

부딪쳐보지도 않고 안락의자에 앉아서 고민만 하고 있었습니다. 그리고 안락의자가 흔들리는 것을 젊음의 비틀거림으로 오해하는 분들이셨죠.

한비야 씨가 말한 '비틀거린다'는 것이 안락의자에 누워서 흔들리는 것을 의미하지는 않겠죠? 그리고 '비틀거리면서 큰다'에서 '큰다'의 의미는 단지 육체적 성장이 아니라 정신적 성장도 포함하는 뜻일 겁니다. 안락의자에서 내려오십시오. 그리고 진짜 두 발을 땅에 디딘 채 비틀거려보십시오. 그러면 정말 큽니다. 정말 멘토가 나타납니다.

누군가에게
자극이 되는 방법

어릴 적 시골에서 촌놈으로 살던 시절이었습니다. 다른 시골 아이들처럼 초등학생인 저에게 넉넉한 장난감이 있을 리 없었죠. 기괴한 모양의 돌멩이, 집에서 키우는 개와 가축, 공터에 아무렇게나 쌓아놓은 모래더미가 장난감이었고 놀이터였습니다. 논둑을 따라 아슬아슬 자전거를 타는 재미도 쏠쏠했지요. 하지만 촌놈들 사이에도 다양성이라는 것이 있어서 어떤 친구는 경운기를 모는 것에 재미를 붙였고, 어떤 친구는 나무 오르는 것에서 '자랑스러움'을 느꼈습니다. 저는 길이 없는 산에 길을 만들면서 방황(?)하는 것을 좋아했습니다. 산에다가 작은 오두막 같은 것도 지었습니다. 그래서 낫과 막대기를 들고 친구 몇 명과 함께 참 많이도 뒷산을 오르내렸습니다. 산에 오를 때 제가 제일 싫어하는 것은 바로 가시에 찔리는 일이었죠. 나무 가시는 크고 딱딱해서 한 번 찔리거나 긁히면 정신이 바짝 듭니다. 아프고 따가운 것은 말할 것도 없습니다. 그런데 풀 중에도 가시가 있는 것이 있습니다. 작고 미세해서 찔리기보다는 주로 긁히는데요, 여름에 반바지 입고 산에 다녀오면 풀 가시에 긁혀서 장단지가 벌겋게 부어오르곤 했습니다. 그래서 우리는 힘들거나 피하고 싶은 길을 가시밭길이라 표현하나 봅니다.

지금까지 오프라인, 온라인, 텔레비전, 라디오 등을 통해서 많은 강의를 했습니다. 제 강의를 들으신 분들은 10살 아이부터 예순이 넘는 어르신까지 다양합니다. 나이뿐 아니라 직업도 다양하지요. 초등학생, 중학생, 고등학생, 대학생, 의사, 교수, 교사,

회사원, 공무원, 도서관 사서, 학부모 등 모두 나열하기도 힘듭니다. 나이나 직업으로 보면 참 다양하지만, 강의를 하는 입장에서 보면 크게 두 가지로 나눌 수 있습니다. 마음을 열고 자극받으려고 노력하시는 분과 마음을 닫고 자극받지 않으려고 노력하시는 분이죠.

사실 많은 사람들은 다른 사람들에게 긍정적인 자극을 줄 수 있는 사람이 되고 싶어 합니다. 어릴 때는 자극을 받기 위해 위인전을 읽었고, 요즘은 책과 신문, 인터넷 등을 통해서 세상을 변화시키는 사람들의 이야기에 귀를 기울입니다. 이순신 장군, 세종대왕, 안중근 의사, 마틴 루터 킹, 테레사 수녀, 오바마 대통령, 스티브 잡스, 안철수 교수, 박원순 변호사, 반기문 유엔사무총장 등과 같은 분들에게 끊임없이 자극을 받았고, 덕분에 성장했습니다. 어떻게 하면 우리도 그들처럼 다른 사람에게 긍정적인 자극이 될 수 있을까요? 그런 사람이 되기 위해 지금 우리가 할 수 있는 것은 무엇일까요? 그래서 저는 여러분에게 감히 가시밭길을 걸어보자고 제안하려 합니다. 선뜻 따라나서기 어려우시죠?

자극은 가시 같은 것입니다. 때로는 불편하고 때로는 따갑지요. 그래서 사람들은 가시를 피하고 싶어 하듯 자극을 피하기 위해 노력합니다. 자기합리화를 하고, 자존심을 지키기 위해 장점을 찾기보다는 단점을 찾아내서 애써 상대를 폄하하기도 합니다. 자기계발서는 그런 노력의 만만한 희생물이지요. 수천 권의 자극들이 책이라는 옷을 입고 여러분을 기다리고 있지만, 자극을 아폰 가시로만 여기는 사람들에게는 별로 다가가고 싶지 않은 존재일 테니까요. 대한민국에서 언제쯤 존경하는 문화, 칭찬하는 문화를 향유할 수 있을까요? 가시밭길을 가자는 제안은 바로 자극받기 위해서 노력하자는 말이었습니다. 자극을 받기에도 시간이 부족한데 사람들은 자극받지 않으려고 노력합니다. 자존심은 조금 내려두고, 더 높이 뛰기 위해서 무릎을 굽히는 중이라고 생각합시다. 그렇게 계속 '자극'받기 위해서 노력하다 보면 여러분은 나중에 누군가에게 '자극'이 됩니다. 누군가에게 자극이 되기 위한 방법 중 하나는 바로 자극받는 능력을 키우는 것입니다.

신문에서 읽은 일화가 생각납니다. 일본과 한국의 존경하는 문화가 얼마나 차이가 나는지 보여주는 글이었습니다. 일본인 아버지는 아들과 함께 동네를 뛰며 아침 운동을 하다가 부잣집 앞을 지나게 되면 잠시 멈춰 서서 부잣집 주인이 어떤 노력을 해서 부자가 될 수 있었는지를 아들에게 설명해준다고 합니다. 부자가 될 수 있었던 비결을 아들이 배우기를 바라는 마음으로요. 하지만 한국인 아버지들은 부잣집 앞을 지나가게 되면 어떻게 할까요? 침을 '퉤' 뱉고 지나간다고 하네요.

여러분은 '귀명창'을 아시나요? 귀명창이란 판소리를 즐겨 듣는 사람들 가운데 단순한 애호가 수준을 넘어, 소리에 대한 정확한 이해와 지식을 바탕으로 소리를 제대로 감상할 줄 아는 능력을 가진 사람을 일컫는 말입니다. 판소리를 제대로 하려면 제대로 들을 수 있는 능력이 있는 귀명창이 많아야 합니다. 예전에는 귀명창 덕분에 명창들이 만들어질 수 있었다고 합니다. 판소리를 하고 나면 귀명창들의 날카롭지만 애정 어린 가시가 판소리를 하는 사람들에게 큰 자극이 되고 배움이 되었으니까요. 그래서 위대한 예술의 탄생은 청자의 양과 질에 달려 있다고 말하나 봅니다. 소리꾼이 귀명창이 주는 자극을 받을 능력이 높을수록 그의 소리도 발전합니다. 자극을 받지 않으려고 하는 소리꾼의 소리는 사람들에게 사랑받지 못하는 외로운 외침이 되어버립니다. 결국 예술가들은 다른 사람들에게 자극을 주지만, 자극을 받는 사람들에게 다시 자극받으면서 발전하는 것입니다.

달콤한 자극이야 언제나 환영이지요. 관건은 불편한 자극을 받아들이는 능력입니다. 자극을 받을 준비가 되지 않은 사람에게 불편한 자극은 잔소리나 지루한 훈계로 돌변합니다. 하지만 불편한 자극을 잘 활용하는 경우도 있습니다. 가톨릭에서 성인聖人을 추대할 때 성인 후보의 약점을 들춰내는 역할을 하는 사제를 미리 정해둔다고 하네요. 그 사제를 악마의 대변인devil's advocate이라고 합니다. 불편한 자극을 받아들이고, 이를 통해 좀 더 합리적인 의사결정을 할 수 있도록 시스템화한 일례라고 할 수 있습니다.

자극을 받기 위해 제가 노력하는 방법 중 하나는 자극을 주는 사람들의 홈페이지를 방문하는 것입니다. 세계 3대 테너 가운데 한 명인 플라시도 도밍고의 홈페이지를 방문하면 어떤 메뉴를 눌러도 항상 따라다니는 문장을 보게 되지요.

Plácido **Domingo**　　　Next performance ▶

▸ News 2008 - 2009
▸ Biography
▸ **Shortcut**
　▸ Studies & Youth
　▸ Marta & Family
▸ Repertoire
▸ Performances
▸ Discography
▸ Awards
▸ Skills
▸ Press Service
▸ Young Artists
▸ Shop
▸ Contact
▸ Masthead
▸ Links

Shortcut
Biography

"If I rest, I rust."

Since Plácido Domingo was sixteen years old, he has never stopped working, and the more he studies, travels and performs, the more fulfilled he feels. Plácido Domingo was born with an unusually flexible voice, and he learned to use it properly. He has been blessed with very good health and stamina, which has allowed him to be on the go all the time. The greatest pleasure for him has always been, and still is, to make use of these gifts and advantages to give pleasure to others.

┌─────────────────────────┐
│ If I Rest I Rust ™   │
└─────────────────────────┘

Musical Background

Born in Madrid to parents who were Zarzuela performers, Plácido Domingo moved to Mexico at the age of eight. He went to Mexico City's Conservatory of Music to study piano and conducting, but eventually was sidetracked into vocal training after his voice was discovered. He made his operatic debut at Monterrey as Alfredo in "La Traviata" and then spent two and a half years with the Israel National Opera in Tel Aviv, singing 280 performances of 12 different roles. In 1966, he created the title role in the United States premiere of Ginastera's "Don Rodrigo" at the New York City Opera while appearing there in standard repertory as well. His Metropolitan Opera debut came in 1968, as Maurizio in "Adriana Lecouvreur". He has subsequently appeared there in more than 600 performances of 42 different roles and is now in his 39th consecutive season with the company (2007/08). He appears regularly at all the big opera houses of the world, including Milan's La Scala, the Vienna State Opera, London's Covent Garden, Paris' Bastille Opera, the San Francisco Opera, Chicago's Lyric Opera, the Washington National Opera, the Los Angeles Opera, the Teatro del Liceu in Barcelona, Teatro Colon in Buenos Aires, the Real in Madrid, and at the Bayreuth and Salzburg Festivals.

"If I rest, I rust"

'내가 쉬면 나는 녹슨다'라는 말입니다. 한 분야에서 세계 최고의 재능과 위치에 있는 플라시도 도밍고도 늘 이런 생각을 하며 살아가고 있다는 것을 알게 되었지요. 저를 반성하게 만드는 자극입니다.

어떻게 다른 사람들에게 자극을 주는 사람이 될 것인가?

어릴 적부터 수없이 들어왔던 질문입니다. 같은 질문도 선생님이나 부모님이 하시면 갑자기 잔소리나 불편한 가시로 돌변했지요. 이제 스스로에게 다른 질문을 던져봅시다.

나는 자극받는 능력이 있는가?

우리는 자극을 받는 것이 능력인 시대를 살아가고 있습니다. 자극은 선물입니다.

생각해볼 문제

저도 한때는 자극을 유쾌하게 생각하지 않던 사람이었습니다. 곰곰이 생각해보니 그런 자극이 없어도 될 만큼 필요한 것들은 이미 알고 있다고 착각했기 때문이었습니다. 그 착각은 논리적인 분석의 결과가 아니라 그저 직관적으로 '안다'라고 느끼는 것일 뿐이었는데요. 지식 앞에서 겸손하지 못했지요. 아래 문제는 책을 읽다가 만나게 된 것들입니다. 여러분도 풀어보세요.

1) 야구방망이와 야구공을 합친 가격은 1달러 10센트. 방망이의 가격이 야구공의 가격보다 1달러 더 비싸다. 야구공의 가격은?

2) 어느 호수에 커다란 수련 잎들이 떠 있다. 매일 이 수련 잎들이 차지하는 너비는 두 배로 늘어난다. 수련 잎들이 전체 호수를 덮는 데 48일이 걸린다면 호수의 절반을 덮는 데에는 얼마나 걸리겠는가?

아마 '쉽다'라고 생각하시면서 1번에는 10센트, 2번에는 24일이라고 답을 하셨겠죠? 안타깝게 두 가지 모두 정답이 아닙니다. 여러분의 '아는 것 같은 느낌'이 배신하는 경험을 하셨을 겁니다. 참고로 저는 두 문제 다 틀렸습니다. 그리고 겸손해졌습니다. (정답은 따로 알려드리지 않겠습니다. 열심히 자극받기 위해서 독서를 하시면 이 문제가 있는 책에서 정답을 발견하실 수 있을 테니까요.)

검색,
검색을
넘어서다

무엇이 더 진심일까요?

반지일까요? 검색어일까요?

구글에서 전 세계 검색 트렌드를 분석하고, 이 검색 트렌드를 기업에서 활용할 수 있는 방안이 무엇인지를 고민하는 일을 하고 있습니다. 이 일을 하기 전까지만 해도 저에게 검색이라는 것은 그저 제가 궁금한 것을 찾아주는 친절한 도우미에 지나지 않았습니다. 하지만 지금 저에게 '검색'은 세상이 어떻게 변하고 있는지, 사람들은 어떤 것에 관심을 갖고 있는지 등 거시적인 질문에서부터 기업들의 마케팅 효과는 어떠했는지, 스마트폰 시장과 텔레비전 시장은 어떻게 변하고 있는지 등 미시적인 것에 이르기까지 사람과 사회와 시장의 트렌드를 읽는 중요한 데이터입니다. 그저 무심한 듯 묵묵히 앉아 있는 그 자그마한 검색창에서 발생하는 활동들이 어떻게 그런 것들을 가능하게 할까요?

우선 여러분에게 질문 하나 해볼까요?

"야한 사진이나 동영상 좋아하시나요?"

아주 쿨하신 분이라면 솔직하게 답변해주시겠지만, 주변 사람의 시선에서 자유롭지 않은 우리는 참 곤란한 질문이라고 생각할지도 모릅니다. 그래서 진심과는 다르게 살짝 거짓말로 대답을 할 수도 있지요. 어차피 제가 여러분의 마음속을 열고 들어가서 확인할 수도 없을 테니까요.

대선이나 총선이 다가오면 세상은 설문조사로 홍역을 치릅니다. 언론은 각종 기관이 실시한 설문조사 결과를 토대로 선거 결과를예측합니다. 신제품을 개발하기 전에도 시장조사 차원에서 설문조사를 하지요. 설문조사를 통해 고객의 니즈를 파악하고 좀 더 과학적이고 객관적인 시장분석을 하기 위해서입니다. 사회적으로 혹은 개인적으로 민감한 주제에 대한 설문이라면 살짝 거짓을 말할 수도 있을 겁니다. 주부들에게 설문조사를 해보니 드라마에 불륜에 관한 스토리가 포함되는 것은 바람직하지 않다는 답변이 대다수였는데, 실제 주부들이 주요 시청자인 아침 드라마 중에 불륜을 소재로 삼은 드라마가 가장 인기 있었다면 우리는 이것을 어떻게 받아들여야 할까요? 그래서 우리는 늘 근본적인 질문에 직면하게 됩니다.

설문조사를 할 때 과연 사람들은 솔직하게 답변할까?

사람들이 솔직하게 자신의 진심을 고백하는 곳이 있습니다. 아무도 모르는 나만의 비밀스러운 공간이지요. 그래서 거짓말을 할 필요도 없고 다른 사람의 시선을 의식할 필요도 없습니다. 그곳이 바로 검색창입니다. 지금도 전 세계의 수많은 네티즌들이 자신의 진심을 검색창에 고백하고 있습니다. 그래서 검색 데이터는 '순도'가 높은 데이터입니다. 사람들이 어떤 검색어를 입력하는지에 대한 데이터를 분석해보면 사람들의 관심사나 사회적인 트렌드, 시장의 변화 등을 분석할 수 있습니다. 그리고 검색 데이터는 설문조사가 가지는 두 번째 근본적인 질문인 '과연 소수가 전체를 얼마나 대표할 수 있는가?'에도 어느 정도 답변이 가능합니다. 검색은 설문조사보다 훨씬 광범위한 사람들의 반응이 포함되는 데이터이기 때문입니다.

말보다는 사례로 보여드리는 것이 빠르겠죠? 우선 검색 트렌드가 경제상황을 얼마나 반영하고 있는지 알아볼까요? 아래 그래프가 나타내는 것은 미국에서 발생하고 있는 실업수당 청구 건수Initial Claim 입니다. 그리고 붉은색 그래프는 구글에서 발생하고 있는 복지 및 실업과 관련된 검색량 트렌드를 나타냅니다. 두 그래프 사이의 관련성이 매우 높다는 것을 알 수 있습니다. 2008년 금융위기가 발생한 이후 실업수당 청구 건수의 증가량과 복지 및 실업과 관련된 검색량 트렌드가 변하는 모습은 매우 흡사합니다. 이런 것을 상관계수가 높다고 하지요. 그렇다면 거꾸로 실업과 복지에 대한 검색량을 통해서 경제가 어떤지를 알아볼 수 있다는 말

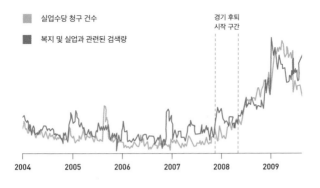

Source: Google Insight For Search

도 되겠죠? 즉 검색은 경제상황을 분석하는 데 의미 있는 데이터를 제공할 수 있습니다.

지난 남아공 월드컵 기억하시나요? 월드컵을 활용해서 브랜드 가치를 높이고 마케팅을 하려는 기업들은 대회 공식 스폰서로 활동합니다. 광고 쪽 일을 하다 보니 월드컵 축구경기를 보면서도 어떤 기업들이 광고를 하고 있는지 유심히 보게 됩니다. 지난 월드컵에서는 현대자동차와 SONY 등이 공식 스폰서였습니다. 축구경기를 시청하다 보면 터치라인을 따라 놓인 광고판에 현대자동차와 SONY의 광고가 뜨는 것을 쉽게 볼 수 있었습니다. 월드컵 기간에는 전 세계 수억 명의 축구팬들이 텔레비전 앞에 몰려드니 기업의 입장에서는 브랜드 가치를 높이고 마케팅을 하는 데 매우 중요한 기회이기도 합니다. 삼성은 올림픽 공식 스폰서를 하면서 브랜드를 전 세계에 알렸고, 그로 인해 브랜드 가치가 급속도로 상승했다는 것은 이미 유명한 일입니다. 그래서 국제적인 스포츠 행사의 공식 스폰서가 되기 위해서는 주최측에 천문학적인 돈을 내야 합니다. FIFA의 경우 현금성 자산만 15억 달러에 달하는 '초우량 기업'이라고 합니다. 수많은 경제위기에도 불구하고 1974년 이후 35년째 흑자 행진을 이어간다니 놀랍기만 하네요. 미국발 금융위기로 뒤숭숭하던 2009년에도 FIFA는 전년보다 6% 늘어난 1억 9600만 달러의 순이익을 기록했습니다.

남아공 월드컵 경기를 시청하다가 경기장 터치라인에 있는 광고판에 노출된 'SONY 3D TV' 광고를 보신 기억이 있나요?

SONY는 남아공 월드컵의 공식 스폰서였습니다. 엄청난 돈을 FIFA
에 지불했겠지요. SONY는 돈이 많이 들더라도 월드컵이 스폰서를
할 가치가 있다고 판단했기 때문입니다. 이제 월드컵이 끝났습니
다. SONY가 월드컵에 막대한 자금을 투자한 만큼 효과를 거두었
는지 검증을 해야 할 때입니다. 어떻게 하면 좋을까요? 저는 호기
심이 생겼습니다. 그래서 검색을 통해서 알아보기로 했지요.

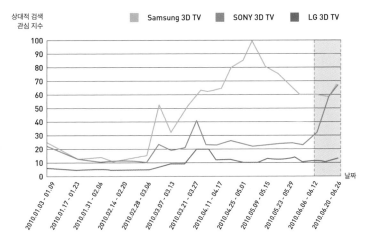

Source: Google Insight For Search, Global Data

위 그래프는 전 세계 구글 사이트에서 유저들이 검색하
는 특정 키워드에 대한 관심도를 시간의 흐름에 따라 보여주고 있
습니다. 월드컵이 열리기 전, 삼성의 3D TV는 경쟁사와는 비교가
되지 않을 만큼 검색 인기도 측면에서 절대적 우위를 점하고 있었

습니다. 그런데 붉은색으로 표시한 부분을 볼까요? 갑자기 SONY 3D TV에 대한 관심도가 급격히 상승하기 시작합니다. 이 기간은 월드컵 기간과 일치하지요. 무엇 때문에 SONY 3D TV에 대한 검색 관심도가 상승했을까요? 월드컵 기간 동안 다른 마케팅 활동도 있었겠지만 SONY 3D TV의 가장 큰 마케팅 활동이었던 월드컵의 영향이었을 겁니다. 즉, SONY가 월드컵 스폰서를 한 결과 전 세계 유저들이 SONY 3D TV에 대해서 더 많은 관심을 가지게 되었고, 구글에서 검색을 했던 겁니다.

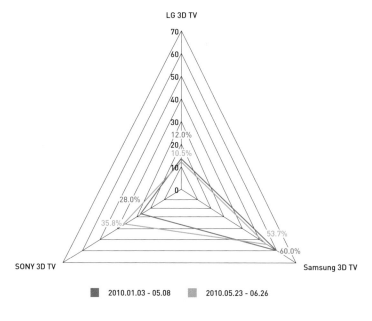

Source: Google Insight For Search, Global Data

궁금증은 꼬리에 꼬리를 무는 법! 월드컵이 열리기 전과 월드컵 기간 동안 3D TV의 주요 생산업체인 삼성, SONY, LG의 상대적인 검색 관심도를 분석해봤습니다. 월드컵 기간 동안 SONY 3D TV에 대한 검색 관심도는 7.8% 증가한 반면, 삼성과 LG는 각각 6.3%, 1.5% 감소했음을 알 수 있습니다. 월드컵 스폰서를 통해 SONY가 얻은 결과 중 하나입니다. 월드컵 이후에도 검색 관심도의 증가를 지속시키는 것은 SONY의 추가적인 과제가 되겠지요. 물론 SONY가 각 국가별로 설문조사를 할 수도 있습니

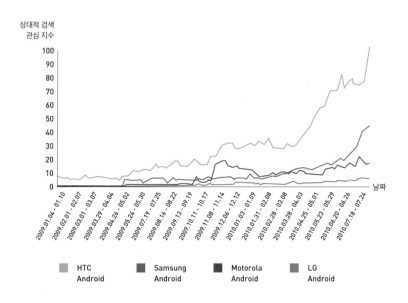

| ■ HTC | ■ Samsung | ■ Motorola | ■ LG |
| Android | Android | Android | Android |

다. 그런데 월드컵은 전세계 약 200개국의 축구팬이 시청하는 지구촌 축제이지요. 모든 나라에서 설문조사를 하려면 추가적으로 엄청난 돈과 시간이 필요합니다. 검색 데이터 분석의 장점은 나라별, 언어별, 기간별 분석이 가능하다는 것입니다. 비용은 거의 들지 않으면서도 빠르지요.

삼성에서 Galaxy S라는 제품을 출시했습니다. 당연히 제품이 많이 알려지고 잘 팔리는 것이 중요하겠지요. 이외에 삼성이 Galaxy S 출시를 통해 얻은 또 다른 수확에는 어떤 것이 있을까요? 검색 트렌드를 통해서 알아보기로 합시다.

Galaxy S라는 스마트폰은 안드로이드[Android] 폰 중의 하나입니다. Galaxy S를 출시하기 이전까지는 HTC라는 기업이 안드로이드 스마트폰 분야의 선두주자였습니다. 그래프를 보시면 6월경부터 삼성 Android에 대한 검색 관심도가 급증하고 있습니다. 바로 Galaxy S가 출시된 시점과 거의 일치합니다. 즉 Galaxy S라는 안드로이드 스마트폰을 출시함으로써 단지 Galaxy S라는 제품 홍보만 된 것이 아니라, 사람들의 마음속에 안드로이드와 삼성의 관련성을 높이는 결과도 가져온 것입니다.

Top searches('연관검색어' 정도로 이해하면 됩니다) 트렌드를 분석하면 좀 더 구체적으로 알 수 있습니다.

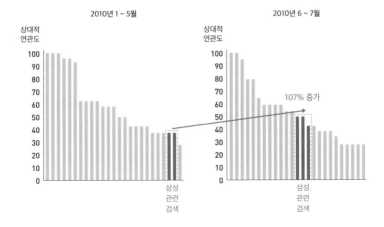

Source: Google Insight For Search, Global Data

위 그래프는 전 세계 구글에서 Android Phone을 검색한 사람들이 관련 검색어로 무엇을 검색하는지 상대적인 지수로 표현한 것입니다. 지수가 높을수록(그래프 상으로는 왼쪽에 위치할 수록) 유저가 검색하는 검색어와 연관도가 높다는 뜻입니다. 다른 말로 하면 유저의 마음속에 더 가까이 있다는 뜻이죠. 그래프를 분석해봅시다.

삼성 Galaxy S가 출시된 후에 Android Phone을 검색하는 사람들은 Galaxy S가 출시되기 전보다 약 107% 더 많이 삼성 브랜드를 검색하고 있다는 것을 알 수 있습니다. 즉 Galaxy S 출시를 통해 Android Phone을 검색하는 전 세계 유저들의 마음속에 삼성과 Android Phone과의 브랜드 연관도를 이전보다 107% 높이는 효과를 얻은 것입니다. 삼성은 이미 Android Phone을 지속

적으로 출시하겠다고 발표했고, Android Phone이 핸드폰 시장의
주요 흐름으로 자리 잡은 상황임을 고려할 때 삼성에게는 참 반가
운 소식입니다.

　삼성에게는 좋은 소식이 하나 더 있습니다. Galaxy S 출시
이후 전 세계 구글에서 스마트폰을 검색하는 사람들은 삼성 브랜
드에 대한 연상을 삼성 Galaxy S 출시 이전보다 33% 더 하고 있
군요. 즉, 삼성은 스마트폰에 관심 있는 고객의 마음속에 이전보
다 33% 더 가까이 다가갔습니다.

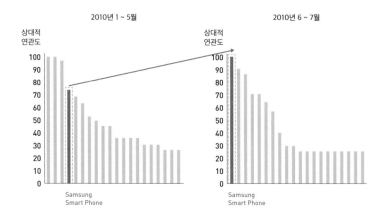

Source: Google Insight For Search, Global Data

　이번에는 다른 사례를 살펴볼까요? 여러분이 크리스마스
선물을 주요 제품으로 취급하는 회사에 입사했다고 가정해봅시
다. 어느 날 사장님께서 과제를 주시네요.

"크리스마스 선물 프로모션은 언제부터 하면 좋을까?"

언제부터 크리스마스 선물 프로모션 광고를 진행하는 게
좋을까요? 12월 초라고 대답할 수도 있고, 크리스마스 한 달 전이
라고 대답할 수도 있습니다. 단, 여러분의 의견에는 객관적인 근
거가 필요하겠지요. 아니면 사장님께 혼쭐이 날지도 모릅니다.

저라면 검색 트렌드를 분석해볼 것 같습니다. 다음 그래
프는 구글에서 전 세계 사람들의 크리스마스 선물Christmas Gift에 대
한 상대적인 관심도를 나타내고 있습니다. 언제부터 검색이 시작
되나요? 본격적으로 관심이 증가하기 시작하는 시기는 10월 중순
경이군요. 크리스마스 선물을 검색한다는 것은 올해 선물을 준비
하기 위해서 정보를 찾아보는 것이기 때문입니다. 그래프에는 하
나의 정보가 더 있습니다. 2007, 2008, 2009년으로 갈수록 크리
스마스 선물에 대한 본격적인 검색 관심도가 증가하는 시기가 늦
취지고 있습니다. 즉 경제가 어려워질수록 관심도 늦게 시작된다
는 것을 알 수 있지요. 2007년보다는 2009년의 경제사정이 더 어
려워서 크리스마스 선물에 대한 본격적인 관심도 늦게 시작되었
습니다. 만약 2010년에 경제가 그 어느 해보다 어려울 것으로 예
상된다면 크리스마스 선물 프로모션을 이전보다 조금 더 늦게 시
작해도 되겠지요? 즉 과거 검색트렌드를 분석함으로써 미래의 트
렌드를 예측할 수 있는 단서를 얻을 수 있습니다. 객관적인 데이
터를 준비했기 때문에 이제 사장님께 여러분의 의견을 제시해도

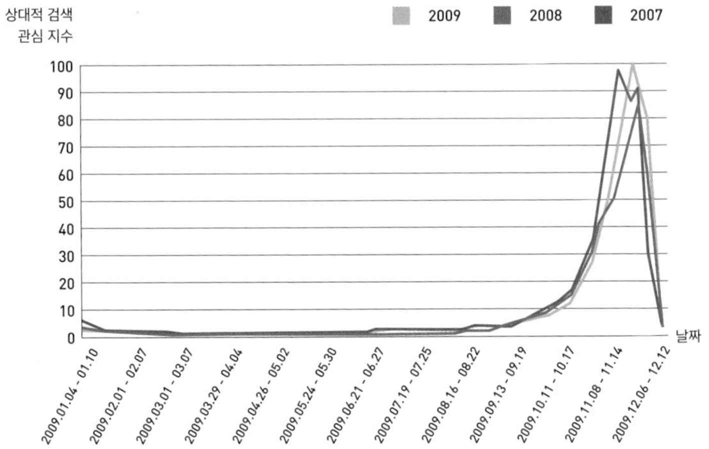
상대적 검색
관심 지수
2009
2008
2007
100
90
80
70
60
50
40
30
20
10
0
날짜
2009.01.04 - 01.10
2009.02.01 - 02.07
2009.03.01 - 03.07
2009.03.29 - 04.04
2009.04.26 - 05.02
2009.05.24 - 05.30
2009.06.21 - 06.27
2009.07.19 - 07.25
2009.08.16 - 08.22
2009.09.13 - 09.19
2009.10.11 - 10.17
2009.11.08 - 11.14
2009.12.06 - 12.12

Source: Google Insight For Search, Global Data

꾸중 듣는 일은 없을 것 같네요.

'모니터 제품을 팔 때 어떤 것을 보너스로 끼워주면 좋을까?', '3D TV, LED TV, LCD TV에 대한 고객들의 관심은 어떻게 변하고 있을까?' 등 다양한 질문에 대해 검색 데이터를 통해 답을 찾을 수 있습니다. 검색을 어떻게 바라보느냐에 따라, 어떻게 활용하느냐에 따라 검색은 단지 정보를 찾아주는 것에 머무를 수도 있고, 사람과 사회와 시장의 트렌드를 분석하는 데 중요한 단서가 될 수도 있습니다. 검색은 검색을 넘어섰습니다. 그래서 검색이 뭐냐고 묻는다면 그저 웃는 것입니다. 오늘은 검색에 대한 저의 생각을 선물합니다. (해당 데이터는 검색량 전체의 트렌드를 나타낸 것이며, 개인 정보와는 관련이 없습니다.)

생각해볼 문제

이제 여러분이 관심 있는 것들에 대해서 검색 트렌드를 알아보고 싶으시죠? 어떻게 하면 될까요?

지금 바로 www.google.com/trends로 가시면 됩니다. 가서 마음껏 검색하시고 트렌드를 분석해보세요. 생각해볼 문제를 제가 드리기보다는 스스로 찾는 시간을 가져보는 것도 괜찮을 듯 싶습니다.

나는
누구인가

여자의 남편은 비행기 조종사입니다. 긴 여정을 마치고 집에 돌아왔는데 상황이 묘합니다. 여자는 남편을 반기기는커녕 오히려 난감해하는 듯합니다. 이 상황을 이해하기 위해서는 시선이 오른쪽 아래로 향해야 합니다. 애완견이 입으로 물어서 당기는 커튼 쪽을 바라보니 어떤 낯선 남자의 발이 보입니다. 이제 상황이 정리됩니다. 아내는 남편이 해외로 비행을 간 사이에 다른 남자와 외도를 한 것이죠. 이 여자의 상황처럼 누구에게나 감추고 싶은 비밀이 있습니다. 자신의 약점, 단점, 상처 등이 그런 것들이겠지요. '당신은 어떤 사람입니까?'라는 질문을 받으면 약점이나 단점 등은 커튼 뒤로 살짝 감추고 싶은 것이 인지상정입니다. 그리고 반쪽짜리 '나'만 사람들을 마주하게 되지요.

예전에 동아리 후배들을 뽑는 면접에 면접관으로 참석했습니다. 면접장에 들어온 학생들이 사전에 제출한 자기소개서를 열심히 읽어봤습니다. 저마다 자신의 관심사나 장점에 대해서 이야기를 하고 있었습니다. 경제에 아주 관심이 많다고 자기소개를 한 학생에게 트위터 주소를 물어봤습니다. 그리고 그 친구가 트위터에 남긴 글을 읽어봤지요. 그 학생이 했던 트윗 중에 '경제'에 대한 이야기를 하나도 발견할 수가 없었습니다. 그 학생이 팔로잉하는 인물 중에 경제 분야의 대가는 찾을 수 없었습니다. 경제지는 말할 것도 없지요. 이 학생은 정말 경제에 관심이 많은 학생일까요?

당신은 어떤 사람입니까?

참 많이 받는 질문이지만 결코 쉽게 대답할 수 없는 질문입니다. 취업을 위해 자기소개서를 쓰는 사람들은 기업들이 제시하는 '나'에 대한 질문 앞에서 밤을 지새웁니다. 가장 가까이에서 가장 오랫동안 지켜본 '나'가 이렇게 낯설게 느껴질 수 있다니! 면접 때에도 자신이 어떤 사람인지 소개하는 시간은 피할 길이 없습니다. 취업이 어려워질수록 면접 준비는 더욱 정교해지지요. 그래서 '나'를 표현하는 수사나 비유도 진화를 거듭하고 있습니다. 요즘은 자기소개서를 '소설'이라 하고, 전형을 통과하면 '등단했다'고 표현하기도 합니다. 즉 '가상의 나'가 '진짜 나'를 대신해서 세상을 떠돌고 있습니다. 수백 년이 지나서 우리 후손이 '2000년 대를 살던 우리 조상은 과연 어떤 사람이었을까?' 하며 분석할 때 우리가 쓴 자기소개서를 참고한다면 큰일입니다. 자기소개서에 멋지게 묘사된 '가상의 나'를 통해 아마 '인류 역사상 가장 훌륭한 사람들이 존재했었다'고 결론 내릴지도 모르니까요. 가면을 스스로 벗지 않는다면 벗길 수 있는 방법은 없을까요? 도대체 '나'라는 존재가 어떤 사람인지 알 수 있는 방법은 어떤 게 있을까요?

지금부터 여러분이 입사하고 싶어 하는 기업이나 대학에 면접시험을 보러 왔다고 가정해봅시다. 여러분은 긴장된 분위기가 가득한 시험장에 앉아 있습니다. 저는 면접관이니 저의 지시대로 따라주셔야 합니다. 시험에 필요한 준비물은 평소에 여러분이 사용하는 노트북 하나뿐입니다. 노트북을 열어주십시오. 그리고 모두 인터넷 창을 띄우시기 바랍니다. 자, 이제 문제를 드리겠습니다.

"모두 노트북을 그대로 둔 채 강의실 밖으로 나가서 한 시간만 놀다 오세요."

황당하시죠? 노트북의 인터넷 창을 띄운 채 밖에 나가서 놀다 오는 것이 시험이라니! 다음에 저는 무엇을 할까요? 여러분 인터넷 브라우저에 있는 즐겨찾기를 클릭합니다.

예전에는 우리가 누구랑 밥을 먹느냐를 통해서 그 사람이 어떤 사람인지 판단하곤 했습니다. 핸드폰이 보급되면서 핸드폰 전화번호 목록에 저장되어 있는 사람들이 그 핸드폰 주인이 어떤 사람인지 판단할 수 있는 단서를 제공했지요. 이제는 인터넷 시대입니다. 즐겨찾기는 여러분이 가장 많이 방문하는 사이트의 목록입니다. 여러분의 관심이 반영된 결과라고 할 수 있지요. 가끔씩 나 자신이 어떤 사람인지 궁금하실 때가 있을 겁니다. 그때 여러분이 쓰는 컴퓨터의 즐겨찾기 목록을 살펴보십시오. 그것이 바로 여러분이니까요.

자기소개서에 글로벌 트렌드나 이슈들에 관심이 많다고 쓴 친구의 즐겨찾기를 클릭해봤더니 그런 것들과 관련된 사이트가 하나도 없었다면, 지원자의 말은 거짓말일 확률이 높습니다. 자신이 지원한 기업에서 글로벌 인재를 선호하니, 그런 인재처럼 보이고 싶은 마음에 살짝 '포장지'를 꺼내 든 것이죠. 즐겨찾기는 자신의 관심사를 사이트라는 이름으로 정리해놓은 진단서 같은 것입니다.

갑자기 즐겨찾기 목록을 관리해야겠다는 생각이 드시죠? 우선 CNN, 뉴욕타임스, BBC, 블룸버그 정도는 등록해놔야 만일의 사태(?)를 대비할 수 있을 테니까요. 비록 자주 방문하지는 않더라도 즐겨찾기 목록에 등록이라도 해놓으면 다른 사람들은 여러분을 그런 사람으로 인지할 테니까요.

괜히 말했다는 생각도 듭니다. 여러분의 즐겨찾기는 꾸미지 않은 그 자체로 봐야 여러분을 아는 데 도움이 될 텐데, 이렇게 말해버렸으니 앞으로는 즐겨찾기 목록을 모두 믿기가 어렵겠군요. 그래서 여러분을 알 수 있는 새로운 방법을 찾아나섰습니다. 그게 뭘까요?

이 단락부터는 새로운 방법에 대한 이야기가 나오리라 기대하며 읽고 계시죠? 하지만 정답부터 말하지는 않으렵니다. 대신 힌트를 드릴게요. 컴퓨터처럼 우리가 매우 오랜 시간 함께하는 것입니다. 컴퓨터의 즐겨찾기처럼 어떤 분야에 관심이 생기면 찾아나서는 것이지요. 그것을 통해 여러분이 관심 갖고 있는 분야에 대한 최신 정보를 얻을 수 있습니다. 알아서 최신 정보로 업데이트도 해주지요.

여러분이 어떤 사람인지 말해주는 또 다른 '즐겨찾기'는 바로 스마트폰에 깔려 있는 애플리케이션입니다. 애플리케이션을 깔기 위해서는 목적이 있어야 하고 어느 정도의 수고스러운 과정을 거쳐야 합니다. 스마트폰 바탕화면에 모든 애플리케이션을 깔 수 없기에 우리는 가장 자주 활용하거나 관심 있는 분야에 대한 애플리케이션을 깔게 되지요. 그 애플리케이션 목록과 활용 빈도가 여러분이 어떤 사람인지 알려줍니다. 우리도 모르는 사이에 '진짜 나'는 온라인 세상을 여행하고 있는 것이죠. 삶 속에 남겨놓은 흔적들이 여러분이 누구인지 말하고 다닙니다. 즐겨찾기 목록과 스마트폰에 어떤 애플리케이션이 있는지 조용히 살펴봅시다. 지난 1개월 동안 트위터에 뭐라고 썼는지 읽어봅시다.

인터넷 시대에는 '즐겨찾기'를 통해 '나'가 누구인지 파악하고, 모바일 시대에는 '애플리케이션'을 통해 '나'를 확인합니다. 즉 시대의 변화에 따라 '나'를 알 수 있는 방법도 변화합니다. 결혼 상대자의 부모님이 여러분의 트위터 주소를 알려달라고 할지도 모릅니다. 미래에는 어떤 사회가 도래할까요? 그때 '나'를 알 수 있는 방법은 무엇일까요? 훗날 여러분의 아들과 딸이 결혼 상대를 데려온다면 어떤 질문을 하시겠습니까? 그렇게 세상은 지금도 변하고 있습니다. 피하거나 즐기거나. 여러분의 몫입니다.

생각해볼 문제

이번에는 생각해볼 문제를 따로 드리지는 않겠습니다. 아래 이미지가 여러분을 저절로 생각하게 만들 테니까요. 어떤 생각을 하게 되시나요?

그때로
돌아가자

충남 서산 어느 시골에 있는 중학교에 강의를 하러 갔습니다. 주말 교통체증을 예상해서 1시간 일찍 출발했는데, 다행히 도로는 한산했습니다. 1시간 서두른 수고는 1시간의 여유라는 '선물'이 되었습니다. 일찍 도착한 저는 학교를 둘러보았습니다. 시골에서 학교 다닐 때 제 모습도 생각해봤지요. 전교생의 이름이 적혀 있는 신발장이 눈에 들어왔습니다. 선생님이 학생들 이름을 다 외울 만큼 적은 수의 학생들. 하지만 갈수록 학생 수는 더욱 줄어들 거라고 하네요. 교정에서 만난 학생들은 어른만 보면 고개 숙여 인사를 합니다. 어느새 저도 중학생의 눈에 학생이 아니라 인사를 받아야 하는 '어른'이 되었음을 확인합니다.

도시에 있는 학교에서도 강의를 하지만, 시골학교 학생들보다 인사를 잘하는 경우를 본 적이 없습니다. 온 동네에 인사를 해야 하는 어르신들이 수두룩한 '마을'에 사는 아이들은 그저 타인으로 가득한 '동'에 사는 아이들보다 아는 어르신들이 많지요. 어르신들은 아버지의 친구시고, 어머니의 친구시고, 친구의 아버지고, 할아버지의 친구분들이십니다. 그저 다른 집에 사는 가족 같은 분들이지요.

시골학교에 으리으리한 강당이나 강의실이 따로 있을 리 없습니다. 배식으로 밥 먹는 식당의 탁자를 치우고 그 자리에 의자를 가득 채웠습니다. 상황에 맞게 유연하게 대처해서 효율을 극대화하는 구조라고 할까요? 재미있는 자리배치였습니다. 보통은 학교에 강의를 가면 고학년이 앞에 앉지요. 아무래도 고학년이 수

업태도도 좋고 '외부 손님'에게 더 예의 바르게 대할 거라는 기대가 담겨 있기도 합니다. 하지만 이 시골학교에서 제일 앞에 앉은 학생들은 막내인 중학교 1학년이었지요.

질문을 했습니다.

"만약에 엄마가 돌아가셨다고 가정해봅시다. 엄마가 다시 살아서 단 5분이라도 우리가 사는 세상으로 돌아오신다면 뭐라고 말하고 싶어요?"

"사랑합니다."

"죄송합니다."

"보고 싶었어요."

"용서하세요."

어른들은 이렇게 대답합니다. 하지만 아이들은 다르지요. 앞에 앉은 중학교 1학년 학생이 말했습니다.

"투정부릴래요."

또 다른 1학년 학생이 말합니다.

"밥 달라고 조를래요."

제가 이 질문을 던진 것은 정채봉 님의 「엄마가 휴가를 나온다면」을 읽고 난 후였습니다. 잠시 감상해볼까요?

엄마가 휴가를 나온다면

정채봉

하늘나라에 가 계시는
엄마가
하루 휴가를 얻어 오신다면
아니 아니 아니 아니
반나절 반시간도 안 된다면
단 5분
그래, 5분만 온대도 나는
원이 없겠다
얼른 엄마 품속에 들어가
엄마와 눈맞춤을 하고
젖가슴을 만지고
그리고 한 번만이라도
엄마!
하고 소리내어 불러보고

아직 시는 끝나지 않았습니다. 뒤에 세 행이 더 있지요. 시인은 엄마, 하고 소리내어 불러보고 또 뭐라고 말하고 싶었을까요? 여러분이 만약에 그 상황이라면 뭐라고 말하고 싶으신가요? 어떻게 표현하면 '엄마'의 사랑과 은혜와 그 따뜻하기만 한 '엄마'의 존재를 잘 표현할 수 있을까요? 시는 이렇게 끝을 맺습니다.

숨겨놓은 세상사 중
딱 한 가지 억울했던 그 일을 일러바치고
엉엉 울겠다

저는 이 부분을 읽고 깊은 감동을 받았습니다. 밖에서 억울한 일을 당하면 누군가에게 일러바치고 싶었습니다. 그 대상은 무조건 '내 편'이어야 했습니다. 세상에 '엄마'보다 내 편은 없었지요. 그 만큼 편하고, 기대고 싶고, 따뜻하고, 안정을 선물하는 존재가 '엄마'입니다. 하지만 시를 읽으면서 저는 가슴이 아니라 머리로 생각하고 있었습니다. 가슴이 필요한 순간에 저는 머리를 사용한 것이죠. 그래서 당연히 '사랑합니다. 보고 싶었어요. 죄송해요.' 등으로 시가 끝날 것으로 생각했습니다. 하지만 '억울했던 일을 일러바치고 엉엉 울겠다'는 말 속에는 사랑, 그리움, 죄송함, 따뜻함 등 더 많은 것이 담겨 있습니다. 머리에 기대었던 저의 예상은 보기좋게 빗나갔고, 그 빗나간 각도만큼이나 깊은 감동을 시인에게서 선물받았습니다. '얼음이 녹으면 어떻게 되나요?'라는 말에 '봄이 옵니다'라고 말했다는 아이의 예는 '물이 됩니다'라고 말하는 어른들 사이에서는 진부한 이야기가 되었지만, 그 후에 어른들은 그뿐이었습니다. 우리는 그리 많이 달라지지 못했지요.

시를 읽은 후 정말 어린아이들은 무엇이라고 대답할까 궁금했습니다. 그래서 중학생들에게 질문을 던진 것입니다. 그리고 그들의 대답은 저를 행복하게 했지만, 동시에 저를 더욱 부끄럽게 했지요. "투정부릴래요" "밥 줘요"라고 말하는 아이들을 보면서 눈물이 날 뻔했습니다. 그리고 머리를 쓰다듬어주었습니다. 시인은 바로 아이 같은 감성을 잃지 않았기 때문에 제게 큰 감동을 선물해줄 수 있었던 것입니다.

저와 같은 팀에서 일하는 동료분에게 정말 귀여운 딸과 아들이 있습니다. 딸아이가 세 살 때쯤에 있었던 일입니다. 아이는 그네에 푹 빠져서 그네처럼 흔들리는 것만 보면 그네라고 말하고 다녔습니다. 우리는 놀이터에 있는 것만 그네라고 하지요. 어느 날 어머니 품에 안겨 있던 아이가 흔들리는 어머니의 금귀고리를 보고는 이렇게 말했습니다.

"엄마, 엄마 귀에 그네 달렸다."

그 아이가 콱 물어주고 싶을 만큼 귀여웠습니다. '아, 이렇게 아이의 순수한 시선이구나'하는 것을 느낄 수 있었죠. 만약에 아이가 이렇게 말했다면 어땠을까요?

"엄마, 요즘 금값이 괜찮다던데 팔아보는 건 어때?"

듣기만 해도 밉습니다. 어른을 흉내 내는 아이를 보면 안
타깝기도 합니다. 아이가 아이처럼 말하고 생각할 때 가장 귀엽고
창의적입니다.

저는 중학생들에게 부탁했습니다.

"여러분, 제가 여러분에게 가장 바라는 것이 무엇인지 아세
요? 그건 바로 중학생인 여러분이 중학생처럼 생각하는 것입니다."

그리고 다음 쪽에 있는 사진을 보여주며 말했습니다.

"이 아이들의 꿈은 무엇일까요? 그건 바로 어린이가 어린
이처럼 사는 것입니다. 하지만 세상에는 여러 가지 이유로 혹은
어른들의 잘못된 선택으로 어린이가 어린이처럼 살지 못하는 경
우도 많아요. 지금 그 순수한 마음 잃지 말고 중학생처럼 생각하
는 때묻지 않은 순수함을 유지하길 바랍니다."

이미 중학교 시절이 아련한 추억이 되어버린 독자님들께
는 어떻게 말해야 할지 한참을 망설였습니다. 주변의 아이들을 보
면 어린이가 될 수 있도록 도와주십시오. 고사성어나 명언을 활용

해서 말하라고 하기보다는 자신의 마음을 솔직하게 말할 수 있는 그들의 '순수함'을 지켜주십시오. 어른이 되어 너무나 많은 것을 알아버린 것이 억울할 때도 있습니다. 이 글을 읽으며 잠시라도 중학교 시절 때묻지 않았던 그때로 돌아가보길 바랍니다. 저도 이 글을 쓰면서 아무것도 몰라서 가장 용감하고 가장 두려웠던 그때로 돌아가보았습니다. 그런 추억조차도 잊고 살았을지 모르니까요. 여전히 그립습니다.

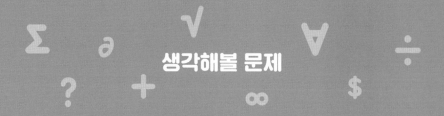

생각해볼 문제

'엄마'에 대한 시를 감상하셨습니다. 엄마만큼 따뜻한 존재가 또 있죠? 바로 '할머니'입니다. 할머니는 무슨 뜻일까요? 아이의 마음으로 정의해보세요. 어머니 혹은 아버지의 어머니라고 하시면 안 됩니다. 나름의 정의를 내려보세요. 저는 '할머니'가 '늘 곁에 있음'이라는 뜻이라고 생각합니다.

저에게 '할머니'란 제 생각에는 '마르지 않는 사랑의 샘'이라고 생각해요. 엄마는 제게 잔소리도 하고 싫은 소리도 (저를 위해서) 해주시지만, 할머니들은 보통 모든 것을 사랑으로 감싸주시잖아요. 절대로 마르지 않고 끝까지 사랑을 줄 수 있는 원천이라고 생각이 되네요 :)

캐서린 님의 생각 선물

289p에 계속 →

어머니의
메모

일요일 저녁이었습니다. 일요일이면 늦잠을 자는 제가 그날은 아침 일찍 집에서 나왔습니다. 서둘러 약속을 마치고 저녁이 되기 전에 집으로 향했지요. 오랜만에 어머니와 저녁을 먹기 위해서입니다. 평일에는 아침에 집을 나서면 밤 늦게 귀가하기 때문에 어머니와 식사할 기회는커녕 대화할 시간도 별로 없습니다. 어머니께서 늘 아쉬워하시는 부분입니다. 사실 저도 너무나 죄송스러운 부분입니다. 아버지께서 돌아가신 후 설상가상으로 저는 더 바빠져서 어머니께서는 혼자 집에 계셔야 하는 시간이 늘어갔습니다. 얼마나 외롭고 허전하셨을까요? 역시 어머니의 음식 솜씨는 세월이 흐를수록 가치가 더해지는 산삼 같습니다. 맛있는 음식 앞에서 저는 정신을 놓아버렸나 봅니다. 오늘 저녁식사의 핵심은 '대화'인데 저는 '얌얌' 밥 먹는 소리만 내고 있습니다. 아들이 오랜만에 집에서 밥 먹는 모습을 보는 게 좋으셨는지 어머니는 웃고만 계십니다. 그런데 잠시 후에 어머니께서 저에게 메모장을 슬쩍 내미셨습니다.

'화물차 기사 임성모 씨 5년 동안 공부하고 영웅.'

"어머니, 이분이 누구세요?"

궁금증에 가득찬 아들을 보며 어머니는 설명을 시작하셨습니다. 저희 어머니는 KBS 〈퀴즈 대한민국〉의 열렬한 팬입니다.

저는 일요일마다 거실에서 들리는 〈퀴즈 대한민국〉 프로그램 소리에 잠을 깨지요. 제가 몇 시쯤 일어나는지 아시겠죠? 휴일에 게으름을 피우는 달콤함이란! 그날도 어머니께서는 어김없이 텔레비전 앞에 앉으셨습니다. 그날 출연하신 분이 임성모 씨입니다. 중학교밖에 졸업하지 못한 임성모 씨는 5년 동안 트럭 운전기사로 지내면서 〈퀴즈 대한민국〉을 준비하셨다고 합니다. 3남 4녀의 둘째이자 맏아들인 그는 18세에 입대해 7년 남짓 군 생활을 하며 동생들을 뒷바라지했지요. 넉넉지 못한 가정 형편은 평생에 걸쳐 한으로 남았다고 합니다. 그날 어머니는 방송을 통해 임성모 씨의 사연이 소개될 때마다 눈물을 훔치셨지요. 그래서 두 손을 모은 채로 임성모 씨가 퀴즈영웅이 되기를 간절히 응원하셨습니다. 그리고 마침내 퀴즈영웅이 되었을 때 어머니께서는 월드컵에서 대한민국이 골을 넣었을 때보다 힘차게 박수를 치고 환호성을 지르셨을 것이 안 봐도 눈에 훤합니다. 눈물이 채 마르기도 전에 어머니는 종이를 꺼내 임성모 씨에 대해서 간단한 메모를 하셨지요. 늘 어리고 부족하게만 보이는 아들이 임성모 씨를 통해서 하나라도 더 깨닫고 배우기를 바라시는 마음이 크셨기 때문입니다. 좀 더 자세히 설명해달라는 아들의 말에 어머니는 짧게 한마디만 하셨습니다.

"검색해봐."

어머니의 설명을 듣고 저도 어떤 분인지 궁금해졌습니다. 밥을 다 먹은 후에 어머니께서 주신 메모장을 들고 컴퓨터 앞에 앉았지요. 검색을 했습니다. 임성모 씨에 대한 사연을 읽으면서 저도 눈시울이 붉어졌습니다. 어머니의 메모 하나로 저는 또 한 분의 스승을 만나게 되었지요.

일요일 저녁, 저와 어머니 사이에 있었던 일을 말씀드렸습니다. 이것을 통해 저는 어떤 생각을 선물할 수 있을까요? 어려움을 극복하고 도전하는 임성모 씨를 통해 삶에 대한 에너지를 얻어보자는 메시지를 선물로 드릴 수도 있을 것이고, 감동적인 경험을 하게 되면 저희 어머니처럼 메모를 해서 소중한 사람과 공유하는 것이 필요하다는 메시지를 선물로 드릴 수도 있을 겁니다. 하지만 그런 생각의 선물은 제가 굳이 드리지 않아도 여러분 스스로 이미 받으셨을 거라고 생각합니다. 그럼 저는 이 상황에서 여러분에게 어떤 생각을 선물할 수 있을까요?

83,000,000

이 숫자가 의미하는 것은 무엇일까요? 어떤 국가의 인구 수일까요? 여러분의 연봉이면 좋겠다는 생각이 들죠? 이 숫자는 2010년 8월에 전 세계 사람들이 구글에서 'Love'가 들어간 단어를 찾아본 횟수입니다. 나라별로 살펴볼 수도 있지요. 궁금한 것이 생기거나 정보가 필요하면 사람들은 검색창으로 향합니다. 오늘도 수많은 사람들이 세상에서 가장 비싼 땅이라는 구글 검색창을 찾았을 겁니다.

이제 검색은 삶의 일부가 되었지요. 스마트폰이 보급되면서 이제는 컴퓨터뿐 아니라 스마트폰에서도 검색을 많이 합니다. 약 5년 내에 스마트폰에서 발생하는 검색량이 컴퓨터에서 발생하는 검색량보다도 많아질 것이라고 예상된다고 하네요. 여기에 제가 드릴 생각의 선물에 대한 힌트가 있습니다.

우리는 정보를 전달하기 위해서 메모를 합니다. 이제 '검색을 유도하기 위한 메모'를 해보는 건 어떨까요? 꼭 알게 하고 싶은 사람에 대해, 읽어보면 좋을 기사에 대해, 유익한 정보에 대해 메모를 해서 사랑하는 사람이나 친구, 가족이 쓰는 컴퓨터 모니터에 붙여놓는 겁니다. "무엇인지 궁금하지? 그럼 검색해봐"라고 한마디 써도 좋겠지만, 그렇게 하지 않아도 궁금하면 검색을 하겠지요. 취업준비로 힘들어하는 아들이 있다면 알면 힘이 날 만한 사람에 대한 사연이나 최신 정보에 대한 키워드만 살짝 메모해서 컴퓨터에 붙여놓는 겁니다. 무심코 컴퓨터 앞에 앉은 중학생 아들 녀석이 처음 보는 이름을 검색해보고는 인생의 교훈을 얻을 수도 있고, 슬픔에 잠겨 있는 친구나 직장 동료가 웃음을 되찾게 될지도 모릅니다.

메신저로 URL을 전달해줄 수도 있고, 메모장이 아닌 핸드폰 문자로 알려줄 수도 있을 겁니다. 그럼에도 불구하고 메모지를 활용하자고 제안하는 이유는 뭘까요? 디지털 시대에도 여전히 사람들의 마음속에 간직되어 있는 아날로그적 향수를 자극할 수 있기 때문입니다. 같은 내용이더라도 장문의 문자메시지나 이메일보다는 직접 쓴 편지가 더 정성스럽게 느껴지듯이, 우연히 그리고 오랜만에 만나는 메모지라는 아날로그적 자극이 더 따뜻하게 느껴질 수 있으니까요.

서로 다른 것들이 만나서 가치를 만들고 있습니다. 컨버전스Convergence라고 하지요. 메모와 검색. 디지털과 아날로그의 컨버전스가 '선물'이 됩니다. 누군가의 컴퓨터 모니터에 여러분의 마음이 담긴 메모지 한 장 붙여봅시다.

임성모 씨가 궁금하신 분들은 '검색'하시면 되겠죠? 성격 급하신 분들을 위해 관련 기사를 소개합니다.

"몇백 번 암기…… 누구나 꿈을 이룰 수 있어요."
퀴즈영웅 등극한 중졸 트럭 운전기사 임성모 씨

"아직도 실감이 나지 않습니다. 꿈만 같습니다."
지난 7월 4일 KBS 1TV 〈퀴즈 대한민국〉에서 중졸의 트럭 운전기사 임성모(57) 씨가 퀴즈영웅 자리에 올라 화제다. 임씨는 그저 운이 좋았다고 겸손하게 말했지만, 그의 트럭 안을 들여다보니 '사필귀정'이라는 사자성어가 절로 떠올랐다. 운전석 쪽 창문에는 암기용 메모가 다닥다닥

붙어 있고 계기판 위에 놓인 그만의 정리 노트에선 오랜 노력의 흔적이 깊게 배어났다.

7년 전 임씨는 〈퀴즈 대한민국〉에서 중졸 학력의 50대 열쇠수리공이 퀴즈영웅이 되는 것을 보고 큰 충격을 받았다. 그는 '저 사람도 했으니 나도 할 수 있다'는 마음가짐으로 5년간 퀴즈 준비에 몰두했다. 여느 퀴즈 프로그램 출연자에 비해 기초지식 수준이 낮았기에 1년여 동안 기본 상식을 암기했다. 임 씨의 방에는 그 시절 외운 세계 각국의 수도·면적·인구 등을 정리한 표, 주요 국가의 왕과 대통령 계보를 나열한 표, 표준 주기율표 등이 붙어 있다.

"나머지 3년 반 동안은 모든 퀴즈 프로그램에 나왔던 문제를 정리하고 신문을 스크랩하며 퀴즈 맞춤용 공부를 했습니다. 표준국어대사전, 백과사전은 꾸준히 암기해 현재 30% 정도 외웠는데 이 모든 것을 정리한 노트가 15권이나 됩니다."

17년째 트럭 운전을 하고 있는 임 씨는 종이 상자를 납품하는 일을 한다. 일주일 중 6일을 일하는 그는 늘 목에 수건을 두르고 다닌다. 무거운 상자를 나르느라 온몸이 땀에 흠뻑 젖는 일이 잦기 때문.

"늦은 밤까지 집에서 공부하고 싶지만, 자칫 졸음사고로 이어질까봐 1~2시간 노트정리만 합니다. 대신 밥 먹을 때, 화장실에서 볼일 볼 때도 암기를 하지요. 주로 공부하는 곳은 트럭 안인데 신호 대기 1~2분 동안에도, 납품을 기다리는 시간에도 틈틈이 공부합니다. 퀴즈 공부를 하느라 접촉 사고를 낸 적도 있고, 고속도로 톨게이트에서 표 뽑는 것을 잊고 간 적도 있어요(웃음)."

퀴즈 프로그램에 3회 출전하는 내내 가족 이야기만 나오면 눈시울이 붉어졌던 임 씨. 그에게 넉넉지 못한 가정 형편은 평생에 걸쳐 한으로 남았다. 3남 4녀의 둘째이자 맏아들인 그는 18세에 입대해 7년 남짓 군 생활을 하며 동생들을 뒷바라지했다. 동생들은 현재 초등학교 교감, 법무사, 경찰관으로 일하고 있다. 임 씨는 특히 두 딸을 대학에 보내지 못한 것이 가장 가슴이 아프다. '굴러다니는 백과사전'이라 불리는 임 씨의 암기 비법은 이미지 연상과 반복에 있다.

"예를 들어 6·25전쟁에 참전한 세계 16개국을 암기할 때는 아프리카 대륙을 머릿속에 그리고 해당 국가를 떠올립니다. 다음에는 아메리카 대륙을 그리는 식으로 전 세계 지도를 그리는 거지요. 하지만 암기해야 할 것을 수시로 들여다보는 것이 최고입니다. 그 습관이 6개월, 1년 이상 지속되면 결국 몇백 번 보게 되는 겁니다. 누구든 할 수 있습니다."

임 씨의 다음 목표는 KBS의 퀴즈 프로그램 〈1대 100〉과 〈우리말 겨루기〉에서도 최종 우승해 3관왕을 차지하는 것이다. 이번 퀴즈영웅 등극으로 2000만 원의 상금을 받은 임 씨는 아내에게 상금 전액을 맡겼다. 그의 아내는 임 씨가 에어컨도 나오지 않는 트럭을 운전하고 있는데 이번 기회에 새 트럭으로 바꿔주고 싶다고 한다.

"인간인 이상 누구나 장애물을 만나면 좌절할 수 있습니다. 하지만 희망의 끈을 놓지 않고 쉼 없이 간다면 느리더라도 누구든지 꿈을 이루게 될 것입니다."

박혜림 기자

주간 동아, 2010년 7월 12일

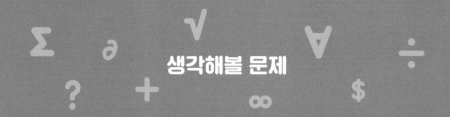

생각해볼 문제

혹시 다른 분들이 검색을 통해서 좀 더 자세히 알았으면 좋겠다는 생각이 드는 '선물이 되는 메모'가 있나요? 인물, 정보, 사건, 책, 영화, 여행지 등 모두 좋습니다. 다른 사람들과 생각을 나눠보세요. 저에게 보내주셔도 좋습니다. 여러분 덕분에 제가 앞으로 어떤 검색을 하게 될지 기대됩니다. 저는 이미 선물받을 준비가 다 됐습니다.

아주
오래된
질문

이 질문에 쉽게 대답할 수 있는
인생의 선배는 얼마나 될까요?

아주 오래된 질문
부제:20대에게 전하는 늦은 고백

사람들은 마치 주량과 술자리 빈도가 술에 대한 애정 지수를 나타낸다고 생각하곤 합니다. 공식으로 나타낸다면 '술에 대한 애정지수=주량 술자리 빈도' 정도로 표현할 수 있겠군요. 이 공식대로라면 1주일에 한 번 정도 술자리를 가지고, 소주 2병 정도 마시면 헤롱거리는 저는 '2×1=2'가 됩니다. 애주가들이 보기에 저의 술에 대한 애정지수는 어느 정도 위치일까요? 혹시 소야 신천희 선생님의 〈술타령〉이라는 시 아시나요? 〈술타령〉을 읽어보면 술 좋아한다고 어깨에 힘주는 웬만한 애주가도 꼬리를 내리기 마련입니다.

술타령

소야 신천희

날씨야

네가

아무리 추워봐라

내가 옷 사 입나

술 사 먹지

시 속의 주인공이 술을 사랑하는 만큼 우리도 좋아하는 일을 할 수 있다면 얼마나 좋을까요? 하지만 직장인들이 퇴근 후 술자리에서 '좋아하는 일을 하고 있다'라는 말을 듣는 것은 이미 오래된 이야기가 되어버린 듯 합니다. 그럼에도 불구하고 20대를 만나면 '좋아하는 일을 선택해야 한다'라고 말하는 자화상은 소주 맛의 농도를 짙게 하죠. 아주 오래되고 결코 쉽게 결론이 나지 않는 이야기, '좋아하는 일'에 대해서 조심스럽게 말문을 엽니다.

〈MBC 100분 토론〉에 패널로 출연한 적이 있습니다. 주제는 '20대의 오늘과 내일, 희망을 찾아서'였습니다. 제 친구가 그러더군요. 답도 없는 토론을 하러 나간다고요. 맞습니다. 이 주제로 토론하는 데 100분이라는 시간은 마치 수십 년을 그리워하며 살아온 이산가족에게 주어진 단 며칠간의 상봉일 뿐이겠지요. 120분을 할애해서 특별 방송을 진행했지만 역시 시간은 부족했습니다. 저도 어떤 말로 용기를 줘야 할지 방송 며칠 전부터 고민했습니다.

'대학생활이 마치 어두운 동굴 속에서 저 멀리 보이는 빛을 향해서 뛰어가는 것 같았다. 어둠이 너무나 싫었던 나는 빛을 향해서 열심히 뛰었다. 그저 앞만 보며. 드디어 빛이 보이는 곳으로 나왔지만 그곳은 사막이었다'고 저에게 말했던 어느 20대의 이야기로 말문을 열었습니다. 20대에게 희망을 주자는 생각으로 토론에 참여했지만, 한 말보다 못다 한 말을 100배는 더 많이 가슴에 담고 끝 인사를 해야 했습니다. 너무 하고 싶은 말이 많으면 아무 말도 못하게 되나 봅니다. 방송을 마치고 새벽에 집으로 돌아가는 길은 왠지 더 어둡게만 느껴졌습니다. 제가 다시 어두운 동굴로 들어가는 기분이었습니다.

　머릿속에서 사라지지 않는 한 학생이 있습니다. 방청석에서 토론 패널에게 질문을 하면서 자신의 의견을 말한 그 대학생은 음악을 좋아한다고 했습니다. 밴드활동을 하고 있고 공연도 하지요. 하지만 자신이 좋아하는 음악만으로는 생계를 이어가기가 쉽지 않다고 했습니다. 사회의 특정 분야에만 자본이 몰리는 이른바 '쏠림 현상'과 아직 다양성에 대한 가치가 충분히 실현되지 못하는 대한민국이 홍대에서 음악으로 청춘의 열정을 움직이는 어느 한 대학생까지 따뜻하게 해줄 수는 없었나 봅니다. 이런 문제를 20대의 힘만으로는 해결하기가 쉽지 않습니다. 우리 시대 한 20대 젊은이가 자신이 좋아하는 일을 즐기면서 한다 해도 생계유지가 힘들다면 기성세대와 사회는 어떤 대답을 해줄 수 있을까요? 이 학생의 말이 자꾸만 머릿속에서 맴돌았습니다. 어떤 노래와 리듬에 중독되듯 푹 빠지게 되면 다른 것에 집중하려고 아무리 노력해도 뇌가 머릿속에서 노래를 부르고 있는 느낌처럼요.

　'사람들은 좋아하는 일을 하는 것이 중요하다고 말하지만 정작 어떤 젊은이가 좋아하는 일을 해도 생계 유지가 어렵다면 그것은 누구의 책임인가? 그래도 우리는 20대에게 좋아하는 일을 해야 한다고 떳떳하게 말할 수 있는 것일까?'

음악을 통해서 생계 유지는 물론 엄청난 돈을 버는 사람들도 있습니다. 자본이 사회의 특정 분야에 쏠려 있다는 문제의식이 있듯이, 음악분야 내에서도 특정 사람들이 자본의 쏠림에 대한 혜택을 보곤 합니다. 한때 음악계에 몸담았을 뿐 아니라 방송에서 꽤나 인기를 얻었던 적이 있는 가수였던 제 친구는 '20 대 80'이라는 말로는 부족할 만큼 훨씬 더 심한 쏠림 현상이 존재한다고 합니다. '쏠림 현상'은 완화하려는 노력은 가능하겠지만 완전히 사라질 수는 없겠지요. 사람들은 더 나은 가치가 존재하는 곳에 몰려가게 마련이고 그 가치만큼 돈을 지불하고 시장은 형성됩니다. 꼬리에 꼬리를 무는 혼자만의 외로운 브레인스토밍을 하다가 좋아하는 일을 해야 하는 또 하나의 이유를 깨닫게 되었습니다.

좋아하는 일과 잘하는 일이 일치하면 가장 좋겠지요. 이 두 가지가 다르다는 것은 참으로 고통스러운 궁합입니다. 이 둘 중에 무엇을 선택하는 것이 현명한 것인지 사람들은 수없이 질문해왔고, 지금도 질문하고 있습니다. 좋아하는 일을 잘하게 되면 사회적으로 요구되는 '가치'를 만들어낼 확률이 높아지겠지요. 사회적인 보상이 목적이라면 잘하는 일을 선택하는 편이 좀 더 안전할지 모릅니다. 하지만 젊음의 열정은 꼭 안정적인 선택만을 하게 내버려두지는 않습니다. 잘하는 일이 있음에도 과감하게 좋아하는 일을 위해 열정을 움직이게 됩니다. 좋아하는 일은 생각만 해도 쉽게 외면할 수 없는 내면의 꿈틀거림을 만들어내기 때문입니다. 좋아하는 일이 가장 잘하는 일이 아닌데도 선택한 경우에는 어떻게 사회적인 보상을 얻을 수 있을까요? 그 질문에 대한 해답 역시 '좋아하는 일'이라는 것에 있다고 생각합니다. 좋아하는 일을 하면 다른 사람들과 사회에 더 나은 가치를 만들어낼 수 있는 '확률'이 높고, 그 '확률'이 높아질 수 있는 열정을 만들어주기 때문이 아닐까요? 경제적 보상은 사람과 사회가 인정한 '가치'의 정도에 따라 달라지게 됩니다.

좋아하는 일은 힘들어서 포기하고 싶은 마음을 이겨낼 수 있게 합니다. 좋아하는 일이라는 사실이 배고픔과 외로움을 이겨낼 수 있는 힘을 줍니다. 사회와 인생의 선배가 할 수 있는 일은 좀 더 나은 가치를 만들어낼 수 있을 때까지 젊은이들이 포기하지 않고 도전하고 노력할 수 있도록 최소한의 사회적 뒷받침을 해주면서 인내를 갖고 그들을 기다려주는 것이겠지요.

지금까지 수많은 20대와 소통하면서 좋아하는 일과 잘하는 일을 놓고 갈등하는 대학생보다는 아직 좋아하는 일이 무엇인지 찾지 못했다고 말하는 20대를 훨씬 더 많이 만났습니다. 그래서 방송에서 당당히 자신의 고민을 말했던 그 여학생에게 저는 '부럽고 대단해 보인다'고 말했습니다. 자신이 좋아하는 일은 정해져 있어서 찾아내기만 하면 되는 보물섬이 아니라고 생각합니다. 자신이 무엇을 좋아하는지 아무리 고민해도 쉽게 답을 얻을 수 없듯이, 좋아하는 일이라고 생각하고 시작하다가도 새로운 일에 흥미를 갖게 되듯이, 좋아하는 일은 '찾는 것'이 아니라 '만들어가는 것'에 가깝다는 것을 깨닫고 있습니다. 보물섬으로 갈 수 있는 지도를 찾는 것이 아니라 그 지도를 스스로 만들어가는 것이죠. 그래서 좋아하는 일을 찾기 위해서는 '머리'보다는 '몸'으로 고민하는 편이 더 낫다고 생각하지요. 새로운 지도를 만드는 모험은 그런 거니까요.

　　MBC 〈100분 토론〉에서 미처 다 하지 못한 말을 이렇게 뒤늦게 대신합니다. 20대에게는 여전히 부족한 격려라는 것을 알고 있습니다. 여러분에게 '선물'이 될 수 있는 생각을 고민했지만 역시 선물이 되는 것은 어렵군요. 그래도 저는 좀 더 인내를 갖고 '좋아하는 일'을 선택한 여러분을, '좋아하는 일'을 만들어 갈 여러분을 기다려 줄 겁니다. 그리고 그것이 사람과 사회에 기여하는 '가치'를 만들어 낼 때 망설이지 않고 기꺼이 '지불'하겠습니다. 제가 할 수 있는 아주 사소하지만 진심이 담긴 선물입니다.

생각해볼 문제

트위터를 통해서 질문을 던져보았습니다.

왜 좋아하는 일을 해야 할까요? 좋아하는 일과 잘하는 일이 불행히도 다르다면 여러분은, 우리는 어떤 선택을 할 수 있을까요? 좋아하는 일과 잘하는 일이 다르다는 것이 불행이 아니라 행운일 수도 있지 않을까요? 아주 오래된 질문을 던져봅니다.

아래는 이 질문에 대한 많은 사람들의 생각입니다. 여러분은 어떻게 생각하시나요?

• 좋아하는 일과 잘하는 일이 다르다는 건 그만큼 그 사람에겐 가능성의 무대가 더 넓은 게 아닐까요? 물론 두 가지가 같다면 남들보다 그 분야에 더 즐겁고 깊이 들어갈 수 있겠지만 상대적으로 다른 분야에 대한 기회는 적어지겠죠?

• 오래된 대답일 테지만, 그런 상황이 온다면 좋아하는 일과는 연애만 하고, 잘하는 일을 삶으로 살아내야 하지 않을까, 라고 생각해봅니다.

• 어디서 들었는데, 좋아하는 게 중요한 게 아니라 잘하는 게 중요하다고. 안타깝지만 그게 현실이고 사실인 거 같아요. 아무리 좋아해도 잘하지 못하면 업으로 삼을 순 없는 것 같아요.

• 저도 이런 고민을 하다가 결국은 좋아하는 일을 선택하고 준비하고 있습니다. 하지만 이 선택에 대해 의구심이 들 때가 생기는데 이럴 땐 어떡해야 할까요?

• 먼저 사회에 계신 분들은 잘하는 일을 '직'으로 하라고 하시더라고요. 전 좋아하는 일로 '업'을 찾고 '직'으로 가야 된다고 생각해요. 같지 않다는 것 역시 행운일지도. 다양한 삶을 살 수 있을 것 같아요.

• 좋아하는 일을 하는 게 아니기 때문에 월급을 받는다는 얘기가, 좋아하는 일은 취미로 남기는 게 좋다고 생각해요. 좋아하는 일을 직업으로 삼다 보면 결국은 싫어하게 되는 경우도 많다는 아이러니가 있으니까요.

• 좋아하는 일을 직업으로 하면 좋아하는 일이 일상이 되니까 좋은 거고 그저 잘하는 일을 직업으로 삼는다면 잘하니까 좋은건데 남는 시간에 좋아하는 일을 취미로 하면 되지 않을까 생각합니다.

• 좋아하는 일을 하면 어려움이 다가와도 즐겁게 일할 수 있기 때문

에 좋아하는 일을 해야 하지 않을까요? 이 대답도 참 진부하네요. 전 좋아하는 일을 선택할 것 같아요. 그럼 힘들어도 행복할 것 같아요!

• 잘하는 일을 선택해왔는데, 최근에 좋아하는 일을 앞으로 하겠다는 결심을 했어요. 어제는 설레서 잠도 잘 안 왔어요. 기분 좋고, 행복해서… 좋아하는 일을 지속적으로 하다 보면 잘하게 되는 것 같아요. 시간이 갈수록 잘하는 일과 좋아하는 일이 다른 경우는 별로 없는 것 같아요. 좋아하는 일을 계속할 수 있는 혹은 선택할 수 있는 환경이 조금 부족해서 '용기'가 필요한 것 같다는 생각이 듭니다. 결론은 좋아하는 일하기!

• 저라면 좋아하는 일 할래요! 어차피 일이라는 건 배우면 배울수록 느는 거니깐! 일에 있어서 선천적 재능은 없다고 생각해요. 어차피 좋아하는 일을 하게 되면 자연스럽게 일도 잘할 수 있다는 거!

• 좋아하는 일을 하는 것이 성공의 지름길이니까요. 꼭 물질적인 성공이 아니라도 '일'은 곧 누군가의 자아실현 수단이고 그 일을 즐김으로써 얻은 성취감은 자존감을 더욱 높여주겠죠. 마에스트로 정명훈 선생님처럼요.

• 좋아하는 일과 잘하는 일이 다를 경우 잘하는 일을 하는 편이 좀

더 나을 듯한데요. 부자가 아닌 한… 잘하는 일을 하면서 좋아하는 일을 취미로 하면 되죠. 좋아하지만 잘 못하는 경우가 지속될 경우 결국 그거 싫어하게 될 거 같아요.

• 저도 그게 요즘 또 고민이네요. 그 문제는 마흔이 다 된 오라버니에게도 똑같은 걱정거리라고 하시더군요.

• 저울은 여러 가지 무게추 중에서 현실이라는 추가 무거운 추가 아닌가 싶습니다. 주변인이 말하는 일반적인 가치관, 경제적인 여건, 삶의 질을 선택할 때 물질적인 선택은 현실보다는 가벼운 추가 아닐까요? 그것을 올려놓는 건 자신이지만.

• 좋아하는 것으로 한다면 마음이 움직이지만, 잘하는 것을 한다면 쉽게 익숙해진다는 것, 그게 큰 차이인 것 같습니다.

• 잘하는 일을 하면서 좋아하는 일은 취미생활로 한다면 정말 좋을 것 같아요. 둘 다 좋아하면 좋겠지만.

• 근원적인 그 질문 때문에 고민이네요. 역발상하니 참 신선한데요?

Where+?

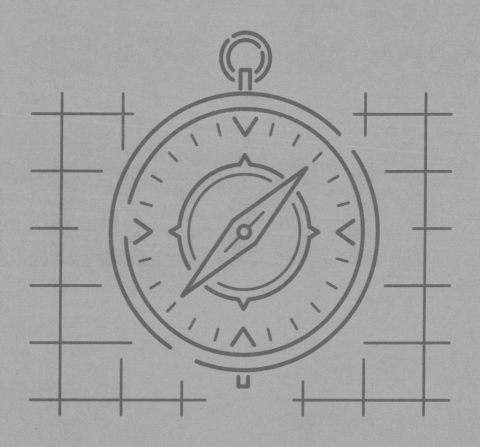

Where are you going?

인생을 배우고 싶으신가요? 그렇다면 한 번쯤 재수를 해봐야 한다고 말하는 사람들이 있습니다. 저는 재수를 했습니다. 솔직히 말씀드리면 인생을 배우기 위해서는 아니었습니다. '인생을 배우기 위해서'라는 목적형보다는 '인생을 배우게 되는' 결과형이 어울리는 경험이지요. 놀고 싶은 마음을 애써 억누르며 독서실에서 혼자 공부를 하고 있었지요. 파란 하늘과 맑은 해가 선명한 날은 재수생의 현실과 너무 대비가 되는 것 같아 서글펐고, 비가 내리는 날은 날씨가 꼭 재수생 처지 같아서 서글펐습니다. 그중에서도 5월은 정말 쉽지 않았습니다. 날씨가 좋은 탓도 있겠지만, 5월은 대학가에 축제가 열리는 시기이기 때문입니다. 대학생이 된 친구들은 연신 전화를 합니다. 재수생에게 기분전환을 시켜주고 싶은 마음이었는지 자신의 대학교 축제에 놀러오라고 유혹했지만, 재수생인 저에게는 사치처럼 느껴졌습니다. 하루쯤 논다고 하늘이 무너지는 것도 아닌데, 마음의 여유가 없던 저는 아쉬운 마음을 꾹 누른 채 친구들에게 미안하다는 말만 되풀이했지요.

사실 자발적으로 그 유혹에 넘어간 적이 한 번 있었습니다. 바로 여대 축제에 놀러가자는 유혹이었죠. 신났습니다. 만날 햇빛 한 점들지 않는 독서실에서 곰팡이가 피어가던 제 청춘이 광합성을 하는 시간이 될 것 같았습니다. 두근거리는 저의 가슴을 보며 제가 아직은 이성에 대한 관심이 하늘을 찌르는 나이라는 것을 새삼 확인하게 되었습니다. 재수생이라고 이성에 대한 관심이 없으랴!

여대는 말 그대로 여학생들로 가득 차 있었습니다. 친구
를 따라 어느 학과의 축제 행사장으로 향했습니다. 우리를 기다리
는 여학생들과 조금씩 가까워질 때마다 시선을 어디에 둬야 할지
몰라 당황스러웠습니다. 애꿎은 하늘과 가로수만 자꾸 쳐다보게
되었지요. 예쁜 여대생들과 또래의 남학생들이 모였습니다. 알고
보니 저만 '뉴페이스'더군요. 제 친구들과 여대생들은 이미 미팅
에서 만나서 친구로 지내는 사이였습니다. 저만 자기소개를 해야
하는 상황.

"안녕하세요? 저는 김태원이라고 해요."

제대로 눈도 마주치지 못한 채 말했습니다. 그런데 여대
생들은 멀뚱멀뚱 저를 쳐다만 보고 있었습니다. 제 소개가 아직
끝나지 않은 것 같은, 자기소개에 무엇인가를 빠뜨린 것 같은 느
낌이 들었지만 도무지 무엇인지 알 수가 없습니다. 왠지 제 얼굴
에 점심때 먹던 김 조각이 붙어 있을 것만 같은 불안감도 밀려왔
습니다. 역시 제 친구 녀석은 눈치가 빨랐습니다.

"아, 태원이는 내 고등학교 때 친구인데 지금은 재수하고
있어."

저는 당시에 대학생들의 자기소개 방법을 미처 몰랐습니다. 대학생은 무슨 대학교, 무슨 과, 몇 학번, 누구라고 자기소개를 한다고 하네요. 재수생이 알 리가 없지요. 그런데 문제는 지금부터였습니다. 제가 재수생인 걸 안 여대생들은 저에게 별다른 관심이 없어 보였습니다. 그 정도 눈치는 저에게도 있지요. 이해는 합니다. 공부 열심히 해서 예쁜 여대생이 되었는데 이렇게 멋진 남자 대학생을 두고 처음 본 재수생과 논다는 것은 그리 유쾌한 일이 아닐 겁니다.

기대가 너무 컸던 탓일까요? 여대생들의 마음이 이해는 되지만 왠지 서럽더군요. 저는 축제로 젊음의 열정이 넘치는 캠퍼스를 뒤로하고 투벅투벅 독서실로 돌아갔습니다. 그때를 회상하니 한 번 더 말씀드리고 싶네요.

"정말 서러웠습니다."

시간이 흘렀습니다. 재수생활을 마치고 저도 대학생이 되었고 또 몇 해가 지났습니다. 저는 그 여대에 다시 가게 되었습니다. 이번엔 축제에 놀러간 것이 아니지요. 그 학교에서 가장 많은 학생들이 듣는 수업에서 강의를 하게 되었습니다. 대강당에 약 2000명의 여대생들이 자리를 빼곡하게 메웠습니다. 강의 기회를 얻은 것만으로도 영광인 자리에서 저는 앞서 말씀드린 에피소드를 이야기했습니다.

"제가 이 수업에서 강의하는 사람 중에 가장 어린 것으로 알고 있습니다. 그래서 어떤 학생들은 저를 편견을 갖고 바라보실지도 모르겠네요. 저는 재수를 했습니다. 재수할 때 여러분의 학교 축제에 놀러간 적이 있었죠. 그때 만나게 된 여러분의 선배님들은 제가 재수생인 것을 알고는 아무도 저에게 관심을 보이지 않았습니다. 이해는 됩니다. 하지만 서럽더군요. 축제도 재미없게 느껴졌습니다. 그래서 독서실로 쓸쓸하게 돌아갔습니다. 그리고 시간이 흘러 저도 대학생이 되었고, 이렇게 수많은 여대생을 앞에서 강의를 하고 있습니다. 그래서 저는 어디에 있느냐도 중요하지만 우리 인생이 어디로 가고 있느냐가 더 중요하다고 생각합니다. 어디에 있느냐로 인생이 결정됐다면 저는 결코 이 자리에서 강의할 수 없었을 겁니다."

여러분들은 수영경기 출발 장면이 담긴 이미지를 보면서 어떤 생각을 하시나요? 지금까지 살아오면서 때로는 자신이 마치 6번 출발선에 있는 선수처럼 느껴지지는 않으셨나요? 성적, 외모, 집안 환경 등 이유는 다양할 수 있겠지요. 저도 그런 시간을 보냈습니다. 가난한 시골에서 살다가 부자들이 사는 서울 청담동으로 전학갔을 때 저는 저 뒤에 있는 선수였습니다. 재수를 할 때도 저는 친구들보다 뒤에서 출발해야 했지요. 제 전공은 사회학입니다. 그래서 사람들은 '왜 취업도 안 되는 전공을 선택했느냐?'고 말했습니다. 취업전선에서도 저는 또 뒤에서 출발합니다.

수능 시험이 다가오면 고3 수험생들에게서 메일이 많이 옵니다. 학생들은 현재 자신이 어디에 있는가를 보면서 막연한 불안감에 빠져듭니다. 대학생들도 저에게 고민을 토로합니다. 물론 현재 자신의 위치에 대한 불만과 불안입니다. 그런데 취업을 앞두고 있는 4학년에게서 온 메일은 조금 다릅니다. 대학생활을 스펙 경쟁 속에서 자신이 다른 대학생에 비해 '어디에 있는가'만을 고민하며 살아오다가 뒤늦게 '방향'을 고민하게 된 것이죠. 빠른 성공과 경쟁만을 강조해온 교육의 부작용일지도 모릅니다. 그런 환경 속에서 방향을 생각하며 길게 보는 관점은 숨을 쉬기가 어렵습니다.

'현재 어디에 있는가?'를 통해서 미래를 보장받으려는 심리는 학벌이나 고시에 대한 열정으로도 나타난다고 생각합니다. 학벌에 기대서 혹은 고시 합격에 기대서 남은 인생을 보장받으려 하는 것이죠. 즉 현재로써 미래를 결정지으려는 것입니다. 그건 닫힌 사회나 마찬가지입니다. 하지만 시대는 성장하고 변화하지 않는 사람에게 쉽게 기회를 허락하지 않습니다.

그런데 눈여겨봐야 할 것은 6번 출발점에 있는 선수가 뒤에 있다는 사실만이 아닙니다. 바로 이들이 모두 '출발점'에 서 있다는 것입니다. 도착 지점이 아니지요. 하지만 사람들은 '특정 선수가 뒤에 있다'는 사실에만 관심을 집중합니다. 평소 우리가 무엇에 불평하는지 생각해봅시다. 그것을 대부분 '내가 지금 어디에 있는가?'에 집중되어 있습니다. 현재 상태를 남들과 비교함으로써 스스로를 괴롭게 만들지요. 현재 어디에 있느냐에 초점을 맞추는 관점은 삶을 진행형의 관점으로 보지 않기 때문입니다. 삶을 계속 이어지는 진행형으로 본다면 지금 어디에 있는가를 비교하면서 괴로워할 시간에 어디로 가고 있는지에 대해서, 어떻게 갈 것인지에 대해서 더 고민하고 노력하는 편이 나을 테지요. 시간은 한정되어 있으니까요.

그래서 우리의 미래는 'Where'가 어떤 문장과 만나느냐에 달려 있기도 합니다. 'Where'에서 과거를 보는 사람이 있고, 현재를 비교하는 사람이 있고, 미래를 꿈꾸는 사람이 있습니다. 뒤에 있는 것이 아닙니다. 출발점에 있는 것입니다. 그리고 출발점이 결승점을 결정하지는 못합니다. 그래서 우리는 늘 고민해야 합니다. 당신은 어디로 어떻게 가고 있습니까?

생각해볼 문제

『젊은 구글러가 세상에 던지는 열정력』에 나왔던 벨보이 이야기 기억하시나요? 세계적인 호텔 브랜드인 힐튼호텔의 회장 콘래드 힐튼은 젊은 시절 벨보이로 일했습니다. 자신의 삶을 '지금 어디에 있는가?'와 '어디로 가고 있는가?'의 관점 중 어느 곳에서 보느냐에 따라 콘래드 힐튼의 미래는 달라졌을 겁니다. 콘래드 힐튼은 벨보이로서의 자신의 삶을 어떻게 생각했을까요? 답은 제 책이나 인터넷을 통해서 스스로 찾아보세요. 살짝 힌트만 드립니다. 콘래드 힐튼 회장이 한 말입니다.

"이 쇠막대기를 그냥 두면 아무 쓸모가 없습니다. 그러나 이 쇠막대기로 말발굽을 만들면 10달러 50센트를 벌 수 있습니다. 바늘을 만든다면 3.25달러를 벌 수 있고, 용수철을 만든다면 250만 달러를 벌 수 있습니다."

and You!

생각해볼 문제

앞서 23개의 챕터에서 제가 드리는 '생각 선물'을 받으셨다면 마지막 24번째 챕터에서는 그동안 읽고, 느끼고, 고민한 것을 토대로 여러분만의 '생각 선물'을 채워보시기 바랍니다.

자유롭게, 마음 가는 대로, 과거/현재/미래에 걸쳐서 다양하게 이리 비틀고 저리 비틀어서 생각해보시기 바랍니다. 그리고 혼자 생각하고 그치는 것이 아니라 다른 사람이나 제게 여러분의 '생각 선물'을 나눠주세요. 그럼 대한민국이 생선남, 생선녀로 가득 찰 그날을 꿈꾸며!

생선남: 생각을 선물하는 남자
생선녀: 생각을 선물하는 여자

할머니란? 할 수 없이 자신의 머니^{money} 내 놓으시는 분. 저희 할머니는 그렇습니다. 자신의 먹을 거 입을 거 가질 것을 아껴가시면서 자식 손녀를 위해서 그 돈을 꺼내놓으셨어요. 풍족하게 자신을 위해 써보신 적 없으신 우리 할머니께서는 손녀가 이쁜 옷입고 다니기를 바라시면서 손녀가 먹고 싶어 하는 오리고기를 실컷 먹이고 싶어 하시기에 아끼신 돈을 꺼내놓으시고 자식이 더 크고 좋은 집에 살기를 바라면서 더 깨끗하고 신형 TV를 가지기를 바라면서 평생 모아두신 돈을 꺼내셨습니다.

김경미 님의 생각 선물

만약 제가 어릴 적에 할머니를 정의하라고 했으면 '기도'라고 했을 것 같아요.^^ 사실 지금도 그렇지만요. 제게는 할머니 하면 어릴 적 기억이 탯줄에 목이 감겨 태어나 엄마 품, 엄마 얼굴보다 중환자실을 먼저 느꼈던 저를 살려달라며 기도하셨다던 이야기(초등학생이 되어서야 들었지만)가 떠올라요. 초등학교 들어가기 전까지 몸이 너무 약해서 매일같이 토하던 저를 부디 건강하라며 기

도하시던 모습을 보고 듣고 자랐거든요. 물론 그 이후에도, 재수생 때도, 지금도 어린 나이에 홀로 외국서 공부하고 생활하는 저를 항상 걱정해주시는 것은 변함이 없으세요.

이제는 몸이 너무 약해지셔서 읍내에 있는 성당에 가시지도 못하시고 그저 방안에서 자식 손주들 잘 되라고 하늘에 계신 할아버지께도 기도하시고 하느님께도 기도하시면서 지내세요. 아이의 마음으로 정의하기에 '기도'라면 애늙은이 같아 보일 수 있겠지만, 제 어릴 적 생각도 지금 제 생각도 할머니 하면 기도라는 단어가 떠올라요.^^ 이제 다 큰 손자가 할머니를 위해 비록 믿는 종교는 없지만 건강히 오래오래 사시길 기도하고 있습니다.^^

안영태 님의 생각 선물

할머니는 곧 Harmony(조화)[발음상 할머니와 흡사]입니다. 가족이 조화롭도록 균형을 잡아주시는 분이 할머니입니다. 어버지와 어머니 사이에 해결되지 않는 부분이 있으면 할머니께서 중재를 해주시기 때문이지요. 할머니의 존재, 그 이유만으로 어머니 혹은

아버지는 마음의 안정을 찾으실 겁니다. 이에 부모님의 마음이 안정되면 자식들까지도 안정을 찾게 되어, 온 가족이 조화로워질 수 있기에 할머니는 곧 가족의 Harmony 역할을 담당하고 계시는 분입니다.

김관목 님의 생각 선물

제가 드린 생각 선물 잘 받으셨나요?

생각을 선물하는 일은 저에게 참 '벅찬 일'이었습니다. 선물 같은 생각을 하는 것이 아직 부족한 저에게 '벅찬 일'이었지만, 저의 생각이 여러분에게 선물이 될 수 있는 날을 떠올리는 것은 가슴이 '벅찬 일'이었습니다. 설레는 마음으로 선물상자를 열었다가 물음표만 가득 발견한 것은 아닌지 모르겠네요. 만약 그렇다면 오히려 저는 더 기쁠 것 같습니다. 생각은 물음표를 먹고 자라니까요. 이 책을 시작하기 전에 제가 하고 있는 생각들에 대해서 수많은 물음표를 던졌고, 이 책을 마무리하면서 오히려 저는 더 많은 물음표를 선물로 얻게 되었습니다.

소중한 사람들과 함께 술잔을 기울이며 알콜과 서로의 생각에 취해 행복해하던 기억이 떠오릅니다. 그래서 책이 아니라 술한 잔 앞에 놓고 이야기를 나누었다면, 좀 더 진솔하게 저의 생각을 여러분과 함께 나눌 수 있지 않았을까 하는 상상을 해보았습니다. 다 마시지 못한 술병에 사람들의 이름을 적어서 바Bar에 보관하는 것은 단순히 술을 보관하는 것이 아니라 '다시 만나겠다는 약속'이라고 합니다. 저도 여러분과 다시 만나겠다는 약속을 위해 마음속으로 '생각을 선물하는 남자'라는 제목 끝에 숫자 '1'을 붙였습니다. 1이라는 숫자는 앞으로도 여러분에게 생각을 선물할 수 있는 남자가 되겠다는 저 자신과의 약속이지요.

다시 선물 같은 생각을 가득 안고 여러분을 만나기 위해 저에게 주어진 삶을 더 열심히 즐기고, 감사하고, 고민하고, 느끼고, 경험하고, 공부하겠습니다. 그래서 책을 마무리하며 쓰는 에필로그는 저에게 늘 '다시 시작'이라는 뜻입니다.

우리의 생각이 선물이 되는 날을 그리며 저는 다시 제 자리로 돌아갑니다.

여러분이 저에게는 선물입니다. 과거에도, 지금도, 앞으로도 그렇습니다.

정말 감사합니다.

생각을 선물하는 남자
김태원 드림

KI신서 9925

생각을 선물하는 남자

1판 1쇄 발행 2010년 12월 6일
2판 1쇄 발행 2019년 5월 17일
3판 4쇄 발행 2024년 10월 18일

지은이 김태원
펴낸이 김영곤
펴낸곳 (주)북이십일 21세기북스
디자인 vergum
출판마케팅팀 한충희 남정한 나은경 한경화 정유진 백다희 최명열
영업팀 변유경 김영남 전연우 강경남 최유성 권채영 김도연 황성진
제작팀 이영민 권경민

출판등록 2000년 5월 6일 제406-2003-061호
주소 (10881) 경기도 파주시 회동길 201(문발동)
대표전화 031-955-2100 **팩스** 031-955-2151 **이메일** book21@book21.co.kr

ⓒ 김태원, 2019
ISBN 978-89-509-9768-7 03320

(주)북이십일 경계를 허무는 콘텐츠 리더

21세기북스 채널에서 도서 정보와 다양한 영상자료, 이벤트를 만나세요!
페이스북 facebook.com/jiinpill21   **포스트** post.naver.com/21c_editors
인스타그램 instagram.com/jiinpill21   **홈페이지** www.book21.com
유튜브 www.youtube.com/book21pub

서울대 가지 않아도 들을 수 있는 **명강**의! 〈서가명강〉
유튜브, 네이버, 팟캐스트에서 '서가명강'을 검색해보세요!